U0498436

精准扶贫与乡村振兴有效衔接研究：基于职业教育视角

李勋华　左　燕　章　君／著

JINGZHUN FUPIN YU XIANGCUN ZHENXING
YOUXIAO XIANJIE YANJIU:
JIYU ZHIYE JIAOYU SHIJIAO

西南财经大学出版社
中国·成都

图书在版编目(CIP)数据

精准扶贫与乡村振兴有效衔接研究:基于职业教育视角/李勋华,左燕,章君
著. —成都:西南财经大学出版社,2021.12
ISBN 978-7-5504-5116-2

Ⅰ.①精…　Ⅱ.①李…②左…③章…　Ⅲ.①职业教育—作用—农村—社会
主义建设—研究—中国　Ⅳ.①G719.2②F320.3

中国版本图书馆 CIP 数据核字(2021)第 209605 号

精准扶贫与乡村振兴有效衔接研究:基于职业教育视角

李勋华　左燕　章君　著

责任编辑:廖术涵
责任校对:张博
封面设计:墨创文化
责任印制:朱曼丽

出版发行	西南财经大学出版社(四川省成都市光华村街55号)
网　　址	http://cbs.swufe.edu.cn
电子邮件	bookcj@swufe.edu.cn
邮政编码	610074
电　　话	028-87353785
照　　排	四川胜翔数码印务设计有限公司
印　　刷	四川煤田地质制图印刷厂
成品尺寸	170mm×240mm
印　　张	9.75
字　　数	170 千字
版　　次	2021 年 12 月第 1 版
印　　次	2021 年 12 月第 1 次印刷
书　　号	ISBN 978-7-5504-5116-2
定　　价	50.00 元

1. 版权所有,翻印必究。
2. 如有印刷、装订等差错,可向本社营销部调换。

目　录

精准扶贫与乡村振兴有效衔接研究：基于职业教育视角

1 绪论

1.1 研究背景和意义

1.1.1 研究背景

2013 年 11 月 3 日，习近平总书记在湖南湘西花垣县十八洞村考察时首次提出"精准扶贫"重要论述。2015 年 6 月，习近平总书记在贵州考察扶贫工作时明确提出推进扶贫工作要做到"六个精准"，同年 11 月，习近平总书记在中央扶贫开发工作会议上系统提出并回答了"扶持谁""谁来扶""怎么扶""如何退"和怎么预防返贫等问题。这些理论和论述构成了习近平精准扶贫思想的深刻内涵和核心内容，逐步升华为精准扶贫理论体系，为经济新常态背景下的扶贫工作指明了方向和路径。党的十八大以来，各级政府积极响应党中央号召，加强领导，健全机制，强化保障，大力推进精准扶贫工作，取得了令世人瞩目的伟大成就。截至 2020 年年底，全国 1 亿左右贫困人口实现脱贫，提前 10 年实现联合国 2030 年可持续发展议程的减贫目标①。2020 年我国实现了决战全面脱贫和决胜全面小康的伟大目标。然而，打赢脱贫攻坚战并不意味着贫困问题已经彻底解决或消失，扶贫工作的重心将从以精准扶贫为主要策略解决绝对贫困逐渐转向以乡村振兴为主要战略解决相对贫困。

党的十九大报告提出了以"产业兴旺、生态宜居、乡风文明、治理有效、生活富裕"为总要求的乡村振兴战略，为新时代我国农业农村改革发展明确

---

① 资料来源：习近平，在决战决胜脱贫攻坚座谈会上的讲话，https://www.ccps.gov.cn/xxsxk/zyls/202003/t20200306_ 138549.shtml.

了方向和路径。从精准扶贫到乡村振兴，二者之间存在着一种内在的逻辑关联，而不是另起炉灶、另辟门户。2020年3月，习近平总书记在决战决胜脱贫攻坚座谈会上强调："脱贫摘帽不是终点，而是新生活、新奋斗的起点，接续推进全面脱贫与乡村振兴的有效衔接。"① 在当前精准扶贫决胜阶段和乡村振兴战略起步阶段的特殊交汇期，研究二者之间的内在关联和有效衔接的路径策略，对于更好地促进两大战略在实践中平稳顺利过渡、破除城乡二元体制、构建科学有效的乡村治理体系、最终实现共同富裕具有十分重要的意义。而在助推精准扶贫和乡村振兴战略两者渐进发展的过程中，职业教育具有明显的、内在的比较优势。《国家职业教育改革实施方案》《职业教育提质培优行动计划（2020—2023）》等支持职业教育高质量发展的政策，更加深了精准扶贫与乡村振兴建设对职业教育的需求。因此，有必要对精准扶贫与乡村振兴战略有效衔接的理论成果进行系统梳理，在此基础上以职业教育为视角，研究职业教育服务精准扶贫与乡村振兴有效衔接，为实践层面的衔接路径提供理论参考。

1.1.2　研究意义

（1）理论意义

本书的理论意义有以下几点：

第一，本书的研究提供了职业教育服务精准扶贫与乡村振兴有效衔接的机制框架。2019年中央一号文件《中共中央院关于坚持农业农村优先发展做好"三农"工作的若干意见》中指出：要"聚力精准施策，决战决胜脱贫攻坚。到2020年确保现行标准下农村贫困人口实现脱贫、贫困县全部摘帽、解决区域性整体贫困"；要求"坚持扶贫与扶志扶智相结合，加强贫困地区职业教育和技能培训""大力发展面向乡村需求的职业教育"。在脱贫攻坚收官之际和乡村振兴两大战略任务接续的关键时机，探讨职业教育服务乡村振兴与脱贫攻坚的关系及其衔接问题十分必要。在这样一种背景下，如何做好精准扶贫与乡村振兴的有效衔接，探寻衔接过程中的难点、堵点和痛点，探寻其与职业教育职能的关联性为职业教育发挥作用提供了历史契机。本书立足于职业教育服务

---

① 资料来源：习近平，脱贫摘帽不是终点，而是新生活、新奋斗的起点，http：//theory. people.com.cn/gb/n1/2020/0316/c40531-31633051.html.

职能，围绕精准扶贫与乡村振兴有效衔接的现实短板，以高校社会服务理论、人力资本理论、利益相关者理论、系统发展理论和可持续发展理论为支撑，多维度发挥政府、职业院校、行业企业、农民群体主观能动性，着眼于利益耦合关系，提出了构建职业教育服务精准扶贫与乡村振兴有效衔接的运行机制，即统筹管理机制、多元化投入机制、人才培养机制、多方联动机制、信息反馈机制和绩效考评机制，真正形成职业教育与乡村发展互利共赢、相互促进的长效发展格局。

第二，本书的研究进一步丰富了职业教育服务乡村振兴的理论研究。2020年是我国脱贫攻坚的收官之年，目前精准扶贫向乡村振兴有序推进，但理论研究和实践检验还有待进一步深化。对学术界而言，精准扶贫与乡村振兴有效衔接是一个新型课题，从文献收集的情况来看，只有少数学者开始研究职业教育服务精准扶贫与乡村振兴有效衔接等内容，研究成果并不丰富。本书以职业教育为视角，探究了职业教育服务精准扶贫与乡村振兴有效衔接的现实短板，不仅可以提升职业教育社会服务能力和服务质量，而且进一步丰富了职业教育服务乡村振兴的理论成果。

（2）现实意义

推进全面脱贫与乡村振兴有效衔接，是脱贫攻坚与乡村振兴交汇和过渡时期的一项重大战略任务。目前脱贫攻坚与乡村振兴有效衔接刚刚起步，其任务的艰巨性意味着脱贫攻坚与乡村振兴有效衔接具有一定长期性和阶段性。本书主要以重庆、贵州、四川为研究对象，通过开展实地调研和访谈，研究职业教育服务精准扶贫与乡村振兴有效衔接领域存在根本的问题，从互利共赢的角度，探索职业教育服务精准扶贫与乡村振兴有效衔接的长效机制，同时充分借鉴国内外的典型经验和做法，有针对性地提出了职业教育服务精准扶贫与乡村振兴有效衔接的具体路径，从而为学界和政府工作部门提供决策参考和工作思路。

1.2　文献综述

1.2.1　国外研究述评

国外有关学者对贫困问题展开了大量研究，但没有"精准扶贫"和"乡村振兴"这个概念,"精准扶贫"和"乡村振兴"是我们党为了彻底解决贫困问题而实施的伟大战略,是符合中国国情的乡村脱贫和振兴之路,国外学者对精准扶贫与乡村振兴有效衔接研究甚少,但就职业教育对扶贫脱贫的作用等进行了大量的研究。一是职业教育扶贫重要性研究。澳大利亚学者 Sue Kilpatrick(2000)认为教育和培训可以使参与者增长见识、开阔眼界,大大改善其管理做法,通过在教育培训中获得的知识和技能,实现个人的发展。学者 Johnson 和 Ingel(2008)提出,贫困地区发展教育,应该充分照顾到自身条件和能力素质不同的学生,采用有针对性的教学和考试指导方针,以发展适应贫困地区的教育。学者 Wallenbom(2009)建议将教育,特别是职业培训作为一种重要和有效的手段,使穷人摆脱贫穷。二是职业教育对经济的作用研究。英国经济学家 Thoma Balogh(1964)认为一个国家的经济和社会发展离不开职业教育发展,职业教育的发展对于经济增长具有决定性的作用并能看到长期收益。美国著名管理学家 Peter F. drucker(1970)认为,拥有职业技术的工作人员是一个企业最重要的群体,特别是高技能人才群体是一个企业乃至一个国家所能拥有的最实际、最能带给他们长远竞争优势的群体。任何一个国家都可以训练出具有高深学问的人才,只有在技术人员的培育上,发达国家仍然享有相当长一段时间内的竞争优势。三是职业教育对人力资本提升研究。Thomas(1998)在研究中发现,向贫困学生提供教育贷款,用以保障他们顺利完成学业,可以有效地为该地区积累人力资本,给贫困学生增添获取财富的机会。Maria Hartl(2009)提出,教育、技能培养和技术培训对农业和农村就业来讲非常重要,主要为年轻人在农村地区的正式或非正式部门工作做准备,从而在减贫方面发挥着重要作用。他指出农村青年职业技能培训需要更多的优质投资,要求资助者、政府和私营部门共同努力,以提升职业培训质量。四是职业教育扶贫实证研究。Vildan Serin(2009)在对土耳其多地的农户进行调查后得出结论:职业教育和培训能够使农户的生产水平和生产效率获得较大提升,改善农户的贫困问题。经济合作与发展组织(OECD)(2012)的研究报告指出:"越来越多的实践研究结果表明,职业教育能够为消除贫困带来广泛的益处,能为儿童福祉以及劳动者实现终身学习奠定基础,进而实现增加收入、减少贫困的目标。"

总之,国外学者对职业教育扶贫脱贫的作用进行了大量的研究,具有较强的指导价值,上述学者通过规范性和实践性研究,比较清楚地阐述了职业教育对提升农村人力资本、促进农村经济发展、助力扶贫攻坚等具有重要推动作用，也为当前正在实施的精准扶贫与乡村振兴有效衔接提供了有价值的借鉴。但是学者们进行规范研究的多，实证研究的少，尤其是在我国全面脱贫迈向乡村振兴这个大背景下，职业教育服务精准扶贫与乡村振兴有效衔接几乎是空白，需要借鉴更多国外经验。

1.2.2 国内研究述评

1.2.2.1 精准扶贫与乡村振兴有效衔接的研究综述

从文献资料收集情况来看，学者们对精准扶贫与乡村振兴有效衔接进行了研究，通过归纳，主要有三类：第一类文献聚焦于研究精准扶贫与乡村振兴的耦合逻辑与内在关联；第二类文献聚焦于研究精准扶贫与乡村振兴有效衔接的路径；第三类文献聚焦于以某个地方为视角，通过田野调查的方法研究精准扶贫与乡村振兴有效衔接的实践问题、经验和成效。

（1）精准扶贫与乡村振兴的耦合逻辑与内在关联

大多数学者认为，精准扶贫与乡村振兴之间有着紧密的联系，相互促进和相互影响。一是耦合逻辑研究。有学者提出，脱贫攻坚与乡村振兴二者具有以"内容共融、作用互构和主体一致"为表征的互涵式关系，可借鉴脱贫攻坚积累的有效成功经验稳步推进乡村振兴，同时脱贫攻坚也能利用乡村振兴战略的大好机遇谋求共生发展，因而二者之间的有效衔接既具备理论上的可行性和必然性，也具备实践层面的可操作性。高强（2019）认为脱贫攻坚与乡村振兴之间既有"目标相通、内容共融、主体一致、体制互促"的政策共性，又有"优先任务与顶层设计、特定群体与普惠支持、微观施策与整体谋划、绝对贫困与相对贫困"的政策差异，需明确政策着力点，辩证分析二者之间的内在逻辑、政策内涵和重点内容。也有学者基于产业发展的视角，根据各类生产要素的禀赋结构和"市场逻辑+政府逻辑"的双重逻辑，构建深度贫困地区脱贫攻坚与乡村振兴有效衔接的逻辑理论构架。还有学者如陈小燕（2019）、甘文华（2019）将耦合理论引入精准扶贫和乡村振兴有效衔接的语境，通过人才、产业、环境等多元耦合系统促进二者相互融合；廖文梅、虞娟娟、袁若兰（2020）通过构建指标体系，王国丽、罗以洪（2021）通过建立耦合机制，分析了脱贫攻坚与乡村振兴的耦合协同性。二是差异化研究。学者们认为脱贫攻坚与乡村振兴有着差异。张琦（2019）阐述了脱贫攻坚与乡村振兴之间的差异，认为前者具有特殊性、局部性、紧迫性和突击性的特点，后者具有综合性、整体性、渐进性和持久性的特点。关于两者各自怎么发挥作用，魏后凯（2019）认为，脱贫攻坚为乡村振兴奠定坚实基础，只有实现乡村振兴，才能从根本上解决贫困问题。

（2）精准扶贫与乡村振兴有效衔接的路径

诸多学者对精准扶贫与乡村振兴有效衔接的路径进行了充分的研究和积极的探讨。一是宏观层面上的顶层设计衔接路径。如孙馨月、陈艳珍（2020）提出实现脱贫攻坚与乡村振兴有效衔接的路径选择应在巩固脱贫成果的基础上构建有机衔接的组织框架体系，并在整合脱贫攻坚经验的基础上完善有机衔接的体制机制，在补齐短板的基础上优化有效衔接的实践路径。此外，高强（2019）强调推进高质量脱贫和实现乡村振兴是相互促进的系统性工程，应做好"规划统筹""政策统筹""监管统筹""工作统筹"，通盘考虑，系统谋划。二是微观层面上的具体实施衔接路径。如贾晋、尹业兴（2020）在调研部分摘帽贫困县和未摘帽贫困县的基础上，提出了引导扶贫产业优化升级、提升农村基础设施建设水平、加强宜居乡村建设、解决农民持续增收问题四个层面的有效衔接实践路径。又如张赛群（2021）提出要正视精准扶贫与乡村振兴之间的差异，做好持续奋斗的心理准备，准确理解衔接的内涵，厘清衔接的基本思路，做好"观念衔接"；规划好阶段性安排和梯次性安排，做好"目标与规划衔接"；通过留用一批、延用一批、整合一批、取消一批做好"政策衔接"；吸取经验和教训，完善乡村振兴动员机制、工作机制、保障机制等体制机制，做好"体制机制衔接"。三是多元主体合作发展路径。郭晓鸣、高杰（2019）指出在乡村振兴战略推进的关键时期，要实现持续脱贫和乡村振兴，需要通过政策内容、实施方式的细化与调整，实现脱贫攻坚和乡村振兴战略的有机衔接。需要广泛吸收社会力量，以深化农村改革为基础，大胆探索政府主导下多元主体共同参与的脱贫攻坚与乡村建设模式。上述衔接路径为"后脱贫时期"乡村振兴战略的推进实施提供了有益的理论参考和借鉴。

（3）精准扶贫与乡村振兴有效衔接的实践问题、经验和成效

在接续推进全面脱贫与乡村振兴有效衔接的实践过程当中，往往存在衔接不畅等问题。张宜红、万欣（2020）和袁坤（2020）指出脱贫攻坚与乡村振兴之间的衔接存在脱贫可持续性不强、衔接机制不畅通、内生动力不足、要素保障能力不足等问题，实践衔接时遭遇观念、规划、机制、产业和政策滞后等"卡壳"瓶颈。谭九生、胡伟强（2021）基于湖南湘西土家族苗族自治州18

个贫困村的田野调查发现，从脱贫攻坚迈向乡村振兴中遭遇脱贫与振兴割裂，呈现"两张皮"运作等"中梗阻"现象，乡村从脱贫迈向贫困过程中产生了边缘贫困、有效衔接的长效机制不健全等问题。也有学者以具体的贫困地区为例，介绍了精准扶贫与乡村振兴有效衔接的实践经验和成效启示。如刘冰、吴佳宣、王俪臻（2020）以江苏省 M 县为例，从推进政策有效转型、调整资源投入方向、建立有效巩固机制、发挥群众内生动力四个方面介绍了脱贫攻坚与乡村振兴战略有效衔接的实践探索，从政策衔接、机制优化、制度创新三个方面做了分析，以启迪思维。庄虔友（2020）以内蒙古自治区的首个脱贫摘帽的林西县为例，介绍了脱贫攻坚与乡村振兴有效衔接的"林西经验"，即注重党建引领强化基层治理，以产业扶贫带动产业发展，注重生态扶贫与环境整治，以核心价值引领乡村文化。张亚丽（2020）以甘肃省定西市为例，研究了如何以产业为纽带实现精准扶贫和乡村振兴的有效对接。她认为，从产业振兴的视角审视产业扶贫，政府角色定位必须由主导变引导，产业扶贫要与精神扶贫相结合，激发农民发展产业的主动性。

总之，精准扶贫和乡村振兴两者之间有着共同的理论渊源和内在联系，深入研究二者的有效衔接是对解决农业农村农民发展问题的有力回应，同时也是全面建成社会主义现代化强国的迫切需要。做好二者之间的有效衔接，需抓住关键问题，找准有机衔接的契合点，加强顶层设计，完善体制机制，强化统筹安排。学者们围绕精准扶贫与乡村振兴的内在逻辑、衔接路径及实践经验开展了广泛的研究，为进一步推动精准扶贫与乡村振兴有效衔接的实现提供了坚实的理论基础。综合现有的研究，从整体上看，侧重于宏观层面的战略性思考较多，在精准扶贫与乡村振兴统筹衔接视域下对新旧扶贫政策的转移接续进行前瞻性研究的文献较少，多数学者从现有的政策出发对乡村振兴战略进行了理论阐释，从目标节点上同精准扶贫进行叠加考察的不多，有关二者之间有效衔接的政策操作性不强。

1.2.2.2 职业教育服务精准扶贫与乡村振兴有效衔接的研究综述

职业教育作为一种教育类型，具有专业覆盖面广、技术技能实用性强、入学和就业门槛低、社会需求量大等显著特征，具有促进区域经济发展和服务社会的天然属性，它与精准扶贫、乡村振兴工作具有很强的关联性、耦合性。将职业教育引入精准扶贫和乡村振兴领域，在全面建成小康社会的"后扶贫时代"，与"三农"问题深度融合，有利于发挥其巨大的技术技能和人力资源支撑作用。

（1）职业教育服务精准扶贫的研究现状

大力发展职业教育，有助于对贫困人口进行精准扶贫。目前关于职业教育服务精准扶贫的理论研究已经相对成熟。以"职业教育"和"精准扶贫"为主题在中国知网检索，结果发现已有文献 1 219 篇，其中核心期刊及 CSSCI 期刊 214 篇。学者从不同的视角、不同的维度对职业教育服务精准扶贫问题进行了深入的研究。许多学者研究了职业教育精准扶贫的实施路径和优化策略：推进招生改革，完善资助政策，推进教学改革，强化技能培训，重视创新创业（朱爱国 等，2016）；以造血式扶贫为主要方式、适龄劳动力为主要扶贫对象、职业能力教育为主要内容（贾海刚，2016）；增加职业教育扶贫经费投入（曾小兰 等，2017）；优化人才培养模式（李俊衡 等，2019），提升战略高度，提升政策定力和制度创新，构建精准扶贫的基本方案（梁宇坤 等，2020）。此外，高岳涵（2018）以西北民族地区为例，强调农业领域路径包括培养新型职业农民、改变观念、提升扶贫水平，工业领域路径包括强化产教融合、校企合作，服务业领域路径包括建立网络扶贫管理机制、开发网络直播课程等。也有学者从职业教育精准扶贫的理论基础、实践效能（王大江 等，2016）、作用机理（李鹏 等，2017；陈柏林 等，杨乃彤，2018；李素素 等，2018）、立论依据与困境（彭晓红，2017）、现实要义与原则（腾春燕 等，2017）等维度进行了研究。综上所述，职业教育服务精准扶贫的研究多以各地实践中遇到的困境、解决对策与路径优化为主，已形成较为成熟的职业教育精准扶贫理论体系。

（2）职业教育服务乡村振兴的研究现状

有关职业教育服务乡村振兴的政策解读与分析比较丰富。有不少学者将研究的焦点指向乡村振兴战略背景下农村职业教育及新型农业职业农民发展的研究，着力探讨乡村振兴战略下农村职业教育的角色担当、内在逻辑、价值取向重塑、机遇与挑战、实践困境与治理路径（公共性危机与破解路径）、变革与使命、战略转型、创新发展、新型职业农民职业教育与培训等，形成了一系列具有指导意义的理论性成果。

在关于乡村振兴战略背景下农村职业教育的角色担当、价值逻辑取向方面，职业教育在乡村振兴中扮演着"主渠道""生力军""助推器""能量场"等重要角色（吴一鸣，2019）。农村职业教育是开发农村人力资本的重要途径，为乡村提供了人才保障、智力支持和技术支撑（石丹淅，2019），坚持城乡等值统整，以人为发展中心（马建富 等，2020），通过职业教育培养技术人才，实现技术赋能，尊重乡村人本价值和社会价值（朱德全 等，2021），实现职业教育社会服务职能。农村职业教育在服务乡村振兴实践中面临的挑战、困境、危机等方面，存在思维理念滞后、自身能力不足、法治体系不健全、体制机制不畅通、社会参与力量不足等问题（张旭刚，2018），人才培养模式单一、政策系统碎片化、供需结构失衡（石丹淅，2019），贫困县域职业教育助力乡村振兴的认知、接纳和部署不到位，存在职业教育定位不清、办学资金投入不足、师资力量薄弱、专业设置不合理等多重困局（王官燕 等，2020）。在职业教育服务乡村振兴的战略转型、创新发展方面，具体路径是科学确立服务乡村振兴战略的价值取向和目标定位，推进农村职业教育供给侧改革，加快农村职业教育师资队伍建设，构建面向乡村振兴战略的终身教育体系（孙莉，2018），重视乡村精英培育，升级优化涉农专业集群建设，构建城乡融合的职业教育体系（马建富，2018）。在乡村振兴背景下新型职业农民的职业教育与培训方面，政府部门需做好顶层设计和合理规划，统一领导和分工协作，创新政策制度和加大扶持力度，改革培养内容与方法，创新培育模式（吕莉敏，2018），统一新型职业农民认证及管理制度，强化示范引领与传帮带作用，形成培训框架体系，成立农民协会等（卢华，2021），探索出创新产教融合型的新型职业农民培育模式（王云清，2020）。上述研究对农村职业教育服务乡村振兴战略的政策体系、主要进展、实践路径及创新发展进行了系统性分析。学者们聚焦于研究农村职业教育和农村新型职业农民的培育对乡村振兴的重要作用。

（3）职业教育服务精准扶贫与乡村振兴有效衔接的研究现状

从文献资料查找情况来看，只有少数学者在研究职业教育服务精准扶贫与乡村振兴有效衔接。姜正君（2020）提出五个衔接，即坚持人民立场，发展思想上无缝衔接；构建产业体系，发展产业上无缝衔接；培育人才队伍，发展动力上无缝衔接；抓好基层党建，乡村治理上无缝衔接；完善政策体系，机制保障上无缝衔接。胡建华、廖为花（2020）认为，乡村振兴与农村教育扶贫具有深度的耦合关系，教育扶贫是乡村振兴战略实施的基石。要完善教育扶贫制度体系，就应加大师资投入，构筑多元主体参与格局，提升农村教育水平。吴雨龙（2020）以脱贫攻坚工作实践中所开发的特色种植、光伏发电、电商销售、危房改造等精准扶贫项目为案例，指出职业教育在精准扶贫、乡村振兴、全面建成小康社会的"后扶贫时代"，正与农村经济社会发展日益产生深度融合，发挥着巨大的技术和人力资源支持作用。兰芳等（2021）选取了河北省 11 个地级市 2009 年至 2018 年的面板数据，通过构建乡村振兴指数，对精准扶贫、人力资本与乡村振兴之间的关系进行了实证研究。研究发现人力资本是精准扶贫与乡村振兴的重要衔接机制，应注重对人力资本的精准投资，为推进乡村振兴提供有力的人才支撑。

总之，上述研究对有效破解城乡二元体制、解决"三农"问题和全面建成小康社会具有重大的理论意义和现实意义，为后续的理论研究和实践探索提供了有益的借鉴和参考。接续推进精准扶贫和乡村振兴两大战略有效衔接，是当前重要的研究课题，而职业教育如何发挥其自身的社会价值，助力精准扶贫和乡村振兴有效衔接，也成为教育界重点关注的一个课题。但从文献资料收集来看，学者们对职业教育服务精准扶贫与乡村振兴有效衔接问题研究甚少，尤其对职业教育与精准扶贫和乡村振兴有效衔接的逻辑关联研究很少，实践层面研究则更少。由此看来，以职业教育为视角，探求精准扶贫与乡村振兴的有效衔接，找准职业教育定位，不失为一个新的研究课题。

鉴于以上分析，本书针对目前研究中存在的不足，着重从以下几个方面开展了研究：一是加强职业教育服务精准扶贫与乡村振兴有效衔接的耦合逻辑研究。精准扶贫与乡村振兴有效衔接既有现实需求，又有理论支撑。乡村振兴的最终实现，离不开职业教育的功能支持与帮扶，职业教育的最终崛起也离不开乡村振兴的实践检验和反馈。精准扶贫与乡村振兴两大战略之间存在任务逻辑、范畴逻辑、时间逻辑的联系与区别，迫切需要加强精准扶贫微观政策与乡村振兴宏观政策之间的有效衔接。已有的研究认为，要通过农村职业教育来生动实现精准扶贫与乡村振兴的有效衔接，需构建好内外协同的社会治理逻辑系统。精准扶贫的战略愿景是实现乡村全面振兴，乡村振兴的逻辑生长点在于农村职业教育，通过乡村振兴战略，实现全面建成小康社会和"两个一百年"奋斗目标，也是农村职业教育改革发展的战略使命（朱成晨 等，2019）。因而，深化对农村职业教育精准扶贫融合模式的探索，聚集"文化兴村、人才强村、产业助村、生态建村"愿景，助力精准扶贫与乡村振兴有机衔接，将成为本书的研究方向。二是加强职业教育服务精准扶贫与乡村振兴有效衔接的实然困境研究。现有文献表明，城乡二元体制、二元教育等结构性矛盾，造成农村职业教育基础薄弱、办学定位不精准、经费投入不足、供需结构失衡、体制机制不畅通等突出问题。如何消解矛盾，突破体制机制障碍，转变服务理念和观念，充分发挥农村职业教育在服务精准扶贫和乡村振兴有效衔接中的担当和使命，主动承担服务精准扶贫与乡村振兴有效衔接的重任，是需要进一步关注的重要问题。三是加强职业教育服务精准扶贫与乡村振兴有效衔接的应然路径研究。我国脱贫攻坚已取得决定性的成就，做好防返贫、控新贫工作已成为当务之急。职业教育服务好精准扶贫和乡村振兴的有效衔接，要特别注重服务防返贫和利用扶贫的有效经验服务乡村振兴，一方面，深入研究职业教育在防返贫中持续发挥独特的作用。从返贫现象产生的主要原因入手，探索职业教育如何发挥技术技能人才支撑的"主渠道"，探索职业院校如何在脱贫摘帽后持续性开展针对性的帮扶工作，为相对贫困地区提供一股永不撤退的帮扶力量。另一方面，深入研究职业教育如何运用帮扶经验服务乡村振兴，探索职业教育的类型教育优势，为实现乡村振兴的战略目标献计献策；探索不同职业院校及不同专业的优势和特色，多角度全方位对接产业、人才、文化、生态、组织振兴的目标任务；探索职业院校如何深化产教融合，加强政校行企园合作，形成服务乡村振兴的长效机制。

1.3　研究内容、方法和技术路线

1.3.1　研究内容

全书共分为八章。从内容结构来看，本书从职业教育视角剖析了精准扶贫和乡村振兴有效衔接面临的机遇和挑战，探究了职业教育与精准扶贫和乡村振兴有效衔接的耦合关系，研究了职业教育服务精准扶贫和乡村振兴有效衔接的短板、痛点和难点，最后提出了对策建议。从结构分区来看，全书共分为理论研究板块、精准扶贫和乡村振兴有效衔接板块、职业教育服务精准扶贫和乡村振兴有效衔接板块、对策板块。

第一，理论研究板块。该板块包括绪论和研究理论基础两章。第1章主要介绍了研究的背景和意义，国内外研究综述以及研究内容、研究方法和技术路线。第2章简要介绍了精准扶贫与乡村振兴的基本内涵以及相互关系，探究了职业教育服务精准扶贫与乡村振兴有效衔接的理论依据，为全书的论证提供了坚实的理论支撑。

第二，精准扶贫和乡村振兴有效衔接板块。该板块包括第3章，主要介绍精准扶贫与乡村振兴有效衔接面临的新形势，阐述其背后的深刻意义、面临的机遇以及挑战。

第三，职业教育服务精准扶贫和乡村振兴有效衔接板块。其主要体现实然性研究。该板块主要包括第4章、第5章和第6章。第4章主要介绍职业教育精准扶贫与乡村振兴有效衔接的社会价值，从人才培训培养、科技研发与社会服务、文化传承等角度阐述了职业教育的社会功能；第5章主要介绍了职业教育服务中存在的问题，包括服务能力不足、服务措施单一、服务机制不完善等诸多问题；第6章主要介绍了国内外经验借鉴，为全书的论证提供了较为重要的参考。

第四，对策板块。其主要体现应然性研究。该板块主要包括第7章和第8章。第7章主要介绍职业教育服务精准扶贫与乡村振兴有效衔接的工作机制，包含统筹管理机制、多元化投入机制、人才培养机制、多方联动机制、信息反馈机制和绩效考核机制，目的是形成职业教育与乡村发展互利共赢，相互促进的长效发展格局。第8章则是在第7章的基础上，提出职业教育服务精准扶贫与乡村振兴有效衔接的政策建议，为政府部门和学界提供有价值的参考。

1.3.2　研究方法

本书的研究方法主要有以下几种：

第一，文献资料法。通过对国内外文献资料进行收集，掌握当前学术界对职业教育服务精准扶贫与乡村振兴有效衔接的基本动态、发展状况、存在的主要问题以及困惑；此外通过文献综述，可以从中学习经验，吸取教训，为全书写作提供理论支撑。

第二，实地调查法。在研究的地域上，主要以西南地区农村、农民为研究对象，利用寒暑假组织师生到云南、四川、重庆、贵州部分乡镇进行实地调研，掌握精准扶贫与乡村振兴有效衔接过程中存在的具体问题、现实短板以及农民的呼声，通过调查研究，为本书写作提供实证素材。

第三，个案研究法。在具体阐述过程中，以某个案进行分析，以期支撑某一章节的观点，进一步理论联系实际。

第四，比较研究法。通过收集国内外职业教育服务乡村发展的具体案例，吸取有益经验，为我所用。

1.3.3 研究的技术路线

本书运用心理学、经济学、统计学、管理学、社会学等方面的知识，以一定的逻辑关联为依据，构建了整个研究的技术路线。本书是按照"选题依据→理论基础→现实问题→机制构建→对策建议"来构建逻辑体系的。本书首先以高校社会服务理论、人力资本理论、利益相关者理论、系统发展理论和可持续发展理论为支撑，以文献综述为借鉴，构建了本书重要的依据和理论基础；其次通过阐述职业教育与精准扶贫和乡村振兴有效衔接耦合关系、厘清职业教育服务精准扶贫与乡村振兴有效衔接存在的现实短板，试图找到最重要的突破口；最后从职业教育服务精准扶贫与乡村振兴有效衔接的最根本问题入手，构建了职业教育服务精准扶贫与乡村振兴有效衔接的机制，并提出了政策建议。图1-1为本书的技术设计路线。

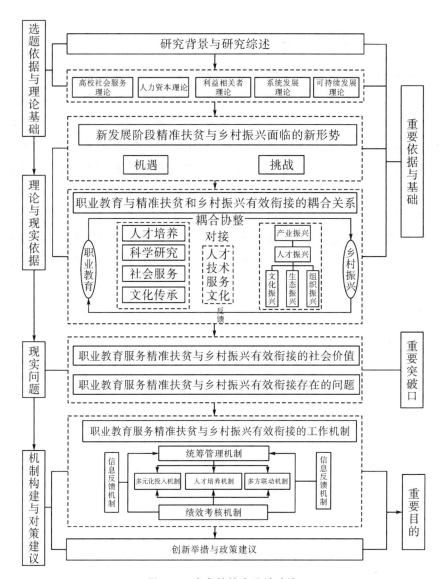

图 1-1　本书的技术设计路线

2 研究理论基础

2.1 精准扶贫与乡村振兴的关系

精准扶贫方略和乡村振兴战略是近年来我国党和政府为解决农村、农业及农民"三农"问题而开展的两项重要的"一揽子"系统工程，是全面建成小康社会和社会主义现代化强国的核心工程之一。从字面上看，精准扶贫是方略，乡村振兴是战略。方略的层次、内涵和外延远远小于战略。从实施的目的、层次、内容、目标、途径以及结果来看，精准扶贫方略和乡村振兴战略是有很大区别的，但二者之间存在密切联系。可以说，精准扶贫方略是乡村振兴战略的逻辑起点和物质基础，而乡村振兴战略是精准扶贫方略的目标所归和精神升华。

第一，精准扶贫与乡村振兴之间是生存与发展的关系。精准扶贫旨在"脱贫"，是解决贫困户"两不愁、三保障"的问题，是解决家庭可支配收入完全不能满足家庭生活需要的问题，所以说精准扶贫是在与贫困做斗争，是消灭绝对贫困，从根本上解决生存的问题。而乡村振兴旨在"解困"，这种"困"是发展的困惑，包括乡村人才事业的发展、乡村产业的发展、生态环境的发展、乡村文明的发展以及乡村社会治理的进步等，它是一个包含经济、社会、文化、生态、治理等的多维度概念，乡村振兴本质上是一个发展的问题。

第二，精准扶贫与乡村振兴之间是保底与进取的关系。精准扶贫方略是聚焦区域性的整体贫困，是解决贫困地区区域发展的问题，本质上是解决缩小区域范围内乡村内部差距的问题，其目的是让区域内的农民彻底摆脱贫困，真正实现"两不愁三保障"。而乡村振兴战略非常宏大，目标高远，从内容来看，乡村振兴战略聚焦人才振兴、产业振兴、文化振兴、生态振兴和组织振兴；从方式手段来看，乡村振兴战略不只是缩小区域发展差距，更重要的是通过城乡互动、以城带乡、以工促农等手段既缩小农村区域的差距，又缩小城乡区域之间的差距。从这个意义来看，乡村振兴战略需要总体规划，扎实推进。

第三，精准扶贫与乡村振兴之间是达标与可持续发展的关系。精准扶贫是为了实现"两不愁、三保障"的目标，着眼于达标和保底。但在很多已脱贫的农村地区，由于农民文化程度比较低、职业能力不强、产业基础薄弱、农村合作社经营水平差、农产品缺乏市场竞争力，农民存在很大的返贫风险。而乡村振兴战略的推进，首要的是巩固拓展脱贫成果，建立巩固拓展脱贫成果的有效机制，并在此基础上扎实推进乡村振兴战略。这就是精准扶贫与乡村振兴有效衔接的重要原因。乡村振兴战略的推进是解决广大农村可持续发展的问题，站在全国的视野来看，乡村振兴战略是一场宏大的乡村革命，通过"智志"双扶、城乡互动、以城带乡、以工促农等手段，重人才、强产业、树新风、塑生态、善管理，最终达到"产业兴旺、生态宜居、乡风文明、治理有效、生活富裕"的总要求（王泽，2019）。

第四，精准扶贫与乡村振兴是一个过渡与提升的关系。精准扶贫方略是聚焦区域性的整体贫困，其目的是实现"两不愁、三保障"，消灭绝对贫困，但它不是我们的最终目标，最终的目标是实现乡村振兴。考虑到各地精准脱贫的实际情况，党中央设立了精准扶贫向乡村振兴有效衔接5年的过渡期，从过渡期完成的工作来看，需要做好机制衔接、主体衔接、政策衔接、目标衔接、组织衔接、考核衔接等，完成好衔接工作至关重要，它是乡村发展迈上新台阶、步入新阶段、实现新跨越的重要保障。

2.2　职业教育服务精准扶贫与乡村振兴的理论依据

2.2.1　高校社会服务理论

社会由个体、家庭、学校、企业等个人或组织构建而成，其中学校是社会的重要组成部分，也是连接个体或家庭与企业的重要纽带，即教育是其他要素发挥作用的重要基础，也是重要推动力之一。从社会可持续发展和国际化发展的视角来看，对高等教育而言，高校是教育中的最高层级，其应该具备人才培养、科学研究、社会服务、文化传承与创新、国际交流合作五大职能（潘瑶，2019），其中人才培养、科学研究、社会服务是其最基本的职能。高校作为社会组织的重要成员，为适应社会分工与社会发展需求应该承担相应的社会任务，即为社会发展培养技术技能人才、加强科学理论支撑、拓展文化传承与交流、提供培训指导等社会服务。从精准扶贫到乡村振兴，是物质的追求到精神文化的升华。脱贫攻坚战的全面胜利为乡村振兴的实现奠定了坚实的物质基础，乡村振兴战略的实施体现了群众对精神与文化更多的追求，而高校就是精神文化的修道场、文化传承与发展的主战场，是乡村振兴战略实现的重要保障。在全面实现精准脱贫并逐步迈向乡村振兴的关键阶段，高校作为促进社会发展的主要原动力，在巩固拓展脱贫成果和实现乡村振兴战略中扮演着非常重要的角色，应该充分发挥其社会服务职能，为乡村发展输出更多的高质量高素质技术技能人才，在不断加强"三农"发展与振兴的理论研究成果转化落地的同时，为乡村居民的自我发展能力和市场竞争力的提升提供更多的培训教育，为乡村文化传承与发展创造更多的机会和渠道，为农业产业化发展开展更多的指导。

2.2.2　人力资本理论

人力资本（human capital）是西方经济学概念，亦称为"非物质资本"，它是体现在劳动者身上的资本，如劳动者的知识水平、技术技能、素质素养等。人力资本理论认为人力资本在经济发展过程中是具备最大潜在价值的最主要的核心资源要素，其与物质资本缺一不可。物质资本是经济发展的实践基础，而人力资本是经济发展的创新基础。脱贫攻坚是物质积累的过程，乡村振兴战略的实施则是站在丰富物质的肩上对人力资本进行量与质的管理的过程。实现乡村振兴是全国上上下下社会各个层级、各类组织共同的目标，组织振兴是实施乡村振兴战略的主心骨，而人才是组织实现价值的重要元素和重要基础。人才振兴是实施乡村振兴战略的关键，是带动知识、技术技能、资金、物质、管理和理念等各种资源形成汇集聚力、充分发挥关键作用的重要因素（杜育红 等，2018），因此人力资本的凝聚和灵活运用是实现"农业强起来、农村美起来、农民富起来"这一长期目标的重要基础，是实现乡村振兴战略落地的关键基石（肖友 等，2019）。人力资本的凝聚和灵活运用，能带动农业技术技能培训，促进农村农业科技创新，强化农业成果运用，推动乡村农业经济发展（王雅鹏 等，2015）；能促进具有文化旅游经验的高素质人才培养和引进，促进乡村优化改造，加快农村美目标的实现。人力资本理论认为，人力资本价值的实现在于人力质量的提升，其人力质量主要体现在知识水平、技术技能水平及综合素养层次。不同知识、技术、素养程度的人力资源及其管理将带来不同程度的人力效益，一般而言，多知识、强技术、高素养的人力资源带来的有效产出明显高于少知识、弱技术、低素养的人力资本效益产出。而职业教育是提高人力资本理论知识水平、技术技能水平、素质素养水平最基本的也是最主要的手段。职业教育就是培养高技术技能人才的摇篮，可以说职业教育的有效输出是实现乡村振兴的有利推动力之一。加强对农村教育和技能技术的培训，提高农民科学文化素养和就业发展技能，能够增加农村居民的劳动收入，带动农民脱贫致富（高文涛 等，2018）。

2.2.3 利益相关者理论

利益相关者理论是企业管理重要理论，其认为企业应该是包括股东、债权人、供应商、消费者、竞争者、政府部门等在内的利益相关者的组织，他们在为企业的生存和可持续发展付出一定代价的同时也有权获得一定的收益。企业管理是人力资本和人际关系的集合管理过程，而利益相关者也正是企业所需要的人力资本和人际关系中非常重要的团体或组织，其行为及其管理影响着公司治理模式的选择、管理方式的转变以及其战略目标的实现，即利益相关者是企业的协同管理者，他们的支持是企业生存和发展的基础。精准扶贫方略和乡村振兴战略的实施是国家这个大型的"社会企业"的治理过程中非常重要的一部分，社会的各个部分、各个层级、各个群体、每个人都在为之努力，也从中受益，可以说其以乡村居民为中心，涉及政府部门、城市居民、投资者、债权人、消费者、供应商等利益相关者。职业教育作为国家社会的重要组成部分，社会发展的人力资本"供应商"，社会资源优化配置的共享者，它是国家治理和社会发展的协同管理者，也是乡村治理的协同参与者。作为社会主体之一，职业教育在共享社会资源优化配置的同时应该主动承担社会责任与义务，与其他利益相关者为巩固拓展脱贫攻坚成果和实现乡村振兴而协同发挥作用，在农村人才培养、"三农"科学研究及其成果转化、乡村文化传承与发展、技术技能培训、农业产业化发展指导等各个方面充分发挥其主观能动性，与其他利益相关者共担风险和成本，全面实现其自我价值和社会价值。

2.2.4　系统发展理论

系统发展理论起源于工学研究，发展于自然科学研究，它是在系统观的基础上研究关于整体与部分、结构与功能及其逻辑关系的一门科学，它揭示了事物发展的整体性、关联性、层次性、组织性、协同性、结构化、动态化，强调结构协同、规律遵循和逻辑合理，要求看待事物要有系统思维。在新的历史阶段，我们党进行伟大斗争，建设伟大工程、推进伟大事业、实现伟大梦想，本质上是国家治理与发展的系统工程，而精准扶贫方略和乡村振兴战略的实施则是国家以人民为中心、以乡村振兴为根本目标而进行的具有内在发展脉络的"一揽子"子系统工程，即精准扶贫与乡村振兴是国家治理与发展的重要组成部分，二者实质为"一体两面"（李尧磊 等，2019）。从事件发展规律来看，精准扶贫与乡村振兴就是部分与整体的关系，精准扶贫是实现乡村振兴的阶段性事件；从部门协同发展来看，要做到精准扶贫与乡村振兴的有效衔接，最终实现乡村振兴，必须要干部与村民同心协力、乡村与城镇结合发展、社会各部门全力以赴；从乡村发展规律来看，产业振兴是实现乡村振兴的重点，人才振兴是实现乡村振兴的基石，文化振兴是实现乡村振兴的灵魂，生态振兴是实现乡村振兴的关键，组织振兴是实现乡村振兴的主心骨，即"五个振兴"均不是孤立的个体，而是相对独立又绝对统一的一个有机整体，是相辅相成、相融共促的关系。巩固拓展脱贫攻坚成果，实施乡村振兴战略就是要全面贯彻党的基本理论、基本路线、基本方略，科学有序推动乡村产业、人才、文化、生态和组织从扶贫迈向振兴，从而全面建成小康社会和全面建设社会主义现代化强国（黄遵应，2019）。而职业教育作为社会系统的重要组成部分、经济结构中的重要一环，其发展目标应该与国家发展战略紧密相连，与国家事业发展同向同行，应该与政府、企业、乡村居民等各个部分协同发展，互助共利，更好地服务于精准扶贫与乡村振兴的有效衔接。

2.2.5　可持续发展理论

可持续发展理论是在人与自然关系研究的基础上关于生态、经济、社会协调持续发展的理论研究与战略部署，其强调三个原则：一是公平性，当代人的需要与后代人的需要应该具有同等发展的空间和机会；二是持续性，生态资源循环利用与生态系统的再生产能力、经济与社会发展的绿色、健康、和谐、可持续；三是共同性，生态环境是各个国家、各个地区、每个人共同享有的宝贵资源，其保护与治理也应该是各个国家、各个地区、每个人协同治理与维护发展的共同责任与义务。可持续发展理论在经济社会可持续发展中的关键要求在于首先满足贫困人口的基本需要和限制对未来环境需求的危害，其追求的是不以损害后代人、其他区域发展能力为代价的生态、经济、社会等各个要素协同下的整体与部分、部分与部分的共同发展、协调发展、公平发展、高效发展、多维发展（蒋冬梅，2016）。乡村振兴是乡村产业、人才、文化、组织、生态文明的可持续发展，是产业扶贫向产业发展的可持续，是技术扶贫向人才发展的可持续，是文化扶贫向文化传承的可持续，是生态文明治理向生态文明发展的可持续，即在物质可持续生产的基础上强调对乡村人才自我内生动力与市场竞争力的发展、精神文化的追求及乡村环境与文明的治理与保护。职业教育作为社会发展与国家治理的重要主体之一，应该与其他主体共同承担社会责任和义务，它作为高素质技术技能人才培养的摇篮，以强有力的培训与指导提升乡村居民的自我内生动力与市场竞争力的可持续发展，以扎实的理论科学研究支撑农业科学合理的高质量生产，以科学有效的方式方法促进环境资源合理开发、高效利用与有效治理，以多元化渠道推动乡村文明与文化传承的可持续发展。

3 精准扶贫与乡村振兴有效衔接面临的机遇与挑战

2020 年是我国脱贫攻坚的收官之年，脱贫攻坚取得了决定性的胜利。以习近平同志为核心的党中央站在"两个百年"的历史交汇点上，统筹国内国外两个大局，紧紧围绕农业农村发展的根源问题、社会主要矛盾变化和减贫阶段任务，提出接续推进精准扶贫与乡村振兴有效衔接，这对巩固提升脱贫攻坚成效，推动新发展阶段减贫战略、减贫方案和工作体系的调档转型，实现乡村全面振兴和农民生活水平持续提升具有重大的战略意义。

3.1 精准扶贫与乡村振兴有效衔接的意义

3.1.1 尊重历史客观规律的需要

从历史的维度看，我国是农业大国，农业兴则百业兴，农村稳则天下稳。历朝历代围绕农业农村发展，在不同时期，针对不同阶段问题，实施了一系列重大改革制度，如土地制度方面的井田制、屯田制、均田制，赋税制度方面的初税亩、租庸调、两税法、一条鞭法、摊丁入亩，以及围绕农村劳动力变化而推行的征兵制、世兵制、府兵制、募兵制。从历史的脉络可以看出，各个时期围绕农业发展、农民增收的政策，始终在不断的调整变化和继承发展中。进入新中国后，从合作经济到联产承包，围绕农村的各项改革同样在不断调整优化。进入新世纪，从精准扶贫到乡村振兴，两者的历史逻辑是相互贯通的、是在继承中发展的，做好两者的有效衔接是尊重历史必然性的客观要求。

从逻辑的维度看，做好精准扶贫与乡村振兴有效衔接是不改初心的客观要求。精准扶贫重在"精准"，坚持以"问题"为导向，突出对特定区域、特定群体采取精准措施，着重解决"两不愁三保障"问题；乡村振兴重在"全面"，坚持以"结果"为导向，突出产业、人才、文化、生态、组织五个方面的全面振兴，以提升乡村"自主造血功能"和群众发展能力为根本目的。从唯物辩证的观点看，精准扶贫主要解决收入性贫困问题，乡村振兴主要解决发展性贫困问题，虽然两大战略的着眼点有所不同、侧重解决的阶段性问题有所不同，但两者彰显的执政理念、惠民本色、时代特征是一体贯通和相互衔接的。精准扶贫是乡村振兴的奠基阶段，乡村振兴是精准扶贫的全面升级，两者共同服务于满足人民日益增长的美好生活需要，服务于推动农业发展、农民增收和农村富裕，集中体现了中国共产党一以贯之的以人民为中心的执政理念，体现了中国共产党为人民谋幸福、为民族谋复兴的坚定初心。

3.1.2 持续巩固提升脱贫攻坚成效的需要

我国精准扶贫取得的巨大成效是举世瞩目的，充分体现出中国共产党领导的政治优势、体制优势。但精准扶贫中反映出来的一些共性问题也是需要关注并持续改进的。比如有的地方产业发展不可持续，持续增收难度大。通过调研云南、四川、重庆、贵州部分地区发现，精准扶贫期间各地都在试图通过发展特色水果种植、中草药种植、特色养殖等产业推动贫困地区脱贫致富。然而，这些产业的发展过度依赖驻村干部所代表的机关、企事业单位力量进行技术帮扶、渠道拓展和产品销售，当地贫困群众缺乏经营、管理、营销和技术能力，参与产业发展的深度不够，一旦扶贫力量撤离，后续经营管理的难度很大，持续做大做强扶贫产业的后劲不足。加之当初在布局扶贫产业时，部分贫困地区由于规划论证不充分、谋求短期效应等因素，产业布局雷同、规模分散、价值链条较短、市场竞争力较弱，产业发展前景不容乐观，农民增收难度较大。再比如政府大包大揽，社会资本参与度不够。在精准扶贫过程中，"以人民为中心""为人民谋幸福"的社会主义优越性体现得淋漓尽致，各级政府千方百计帮助贫困群众摆脱贫困，以"一个都不能少"的决心带领全国各族人民共赴小康。但政府的"托举式"扶贫主要还是实现"兜底性""保障性"，稳住农村基本盘，若要推动农业农村更高质量发展，势必需要更多的社会资本参与其中。但是，由于农业价值链条短、投资风险大、利润回报率低，社会资本参与

"三农"发展积极性不高，发挥的作用不充分。

如果说精准扶贫是解决农村收入贫困的"前半篇"，那么乡村振兴则是进一步解决制约农业发展、农民致富、农村繁荣问题的"后半篇"。在"前半篇"中，通过政府主导、社会发力、精准施策，已经解决了绝对贫困问题，并形成了一套行之有效的精准扶贫政策体系、机制体系、队伍体系、产业体系、保障体系。在"后半篇"中，若要进一步解决农村深层次发展问题，必须在精准扶贫取得的阶段成效基础上，持续巩固完善精准扶贫的机制优势、人才优势、经验优势，并通过对优势的继承、对问题的反思、对策略的调整、对经验的移植，将精准扶贫与乡村全面振兴进行有机衔接，以此实施更加全面的政策举措、产业举措、文化举措来构建现代化的农村产业体系、发展体系和人居环境，推动农村实现全面振兴和农民增收致富，打造更加宜居宜业宜学宜游的现代乡村。

3.1.3 加快补齐"三农"短板问题的需要

长期以来，我国"三农"问题的历史欠账太多，存在的短板和弱项不少，比如农业转型发展制约因素多。我国是世界上人均淡水资源与耕地资源最少的国家之一，随着工业化与城镇化发展，耕地减少、农业用水资源紧缺的问题日益突出，农业生产经营成本不断攀升，传统的农业生产方式、分散的土地经营模式已经无法适应当前形势，迫切要求农业向内涵式、集约式发展转型。另外农业边缘化、农村空心化、农民老龄化问题日益突出，农村基础设施不完善、文化生活匮乏、发展机遇不充分等问题比较突出，农村现有发展水平与农民对美好生活的需求不相适应。

为破解"三农"工作中的短板问题，国家从人才、技术、资金、基础设施、生态环保等各个方面进行了一系列探索改革，竭力推动农业农村发展。特别是党的十八大以来，在以习近平同志为核心的党中央正确领导下，农业综合竞争力显著提升，农民持续增收，"望得见青山、看得见绿水、记得住乡愁"成为中国式田园风光的真实写照。其中，精准扶贫方略取得巨大成效，乡村振兴战略勾勒非凡图景。在精准扶贫过程中，中国形成了一套行之有效的"治贫方案"，积累了丰富的"治贫经验"，比如：制订统一的贫困识别认定标准，开展"地毯式"入户摸排，建立贫困户档案库，确保精准扶贫到村到户到人；从各级机关、企事业单位选派300多万名优秀干部定点帮扶贫困地区，确保精准扶贫有力有序；坚持分类施策，因地制宜开展产业扶贫、教育扶贫、交通扶贫、生态扶贫、金融扶贫、健康扶贫、异地搬迁扶贫等，充分激发贫困地区内生发展活力，形成多元化、差异化发展格局；充分发挥举国体制优势，加大对贫困地区政府投入，建立健全贫困专项资金公示公开制度，资金管理水平和使用效益取得预期成效。精准扶贫中取得的宝贵经验，对推进乡村振兴具有重要的借鉴意义，切实做好两者之间的政策衔接、机制衔接、队伍衔接、产业衔接，有利于节约行政成本、提升工作效果，避免在乡村振兴战略实施过程中走弯路错路，对加快补齐"三农"工作短板，推动实现农业高度发达、农村更加美丽、农业综合竞争力显著提升具有重要的促进作用。

3.1.4 持续增强脱贫群众发展能力的需要

当前，如何确保脱贫群众不依靠外在扶持政策而实现自我良性发展，如何防范边缘群体因病因灾难滑入贫困，是摆在政府和学界面前的重大时代课题。通过对云南、四川、重庆、贵州部分贫困乡镇的调研发现，个别地方脱贫群众生计不够稳定，勤劳致富主观意愿不强，返贫风险较大，比如：一是生计能力不足，抗风险能力差。大多数脱贫群众文化水平低、缺乏一技之长。虽然短期内通过政府托底保障、外出务工、本地解决就业、易地搬迁、土地置换等方式解决了"两不愁三保障"问题，但自身在技术技能、谋生能力方面的短板依然存在，产生贫困的根源性问题没有解决，面对激烈的社会竞争缺乏比较优势，抵抗风险的能力较弱。二是精神脱贫难度大，内生发展动力不足。调查问卷显示，超过三分之二的被调查脱贫群众希望政府加大兜底性投入。少数脱贫群众吃惯了"扶贫粮"，花惯了"资助金"，存在比较严重的"等靠要"思想，拼搏精神、奋斗劲头不足，勤劳致富的内生动力不足。个别地方甚至出现千方百计争取困难认定、争当建档立卡贫困户的现象。

可见，在后脱贫时代，导致返贫的诱因还比较多。当政府扶持力量减弱或者逐步撤出之后，势必出现一个调频换挡的过渡阶段，如果不能逾越这个阶段，则会出现返贫"断崖效应"；如果顺利逾越，则脱贫群众将实现稳步发展，逐渐实现更高水平生活。而做好脱贫攻坚与乡村振兴的有效衔接，则是成功逾越过渡阶段的关键一环，有助于持续增强脱贫群众的发展能力：一是通过有效衔接各项帮扶政策、帮扶力量、帮扶机制、帮扶要素，有助于确保思想不松、政策不变、力度不减、队伍不散，确保帮扶政策持续引领乡村变革发展，确保帮扶产业持续健康发展，从而解决造成贫困的"外因"问题；二是通过有效衔接，有助于持续强化脱贫群众技术技能培训，持续增强脱贫致富的主动意识，更好实现扶智与扶志结合，增强脱贫群众的内生发展动力，解决造成贫困的"内因"问题。

3.2 精准扶贫与乡村振兴有效衔接面临的机遇

"十四五"时期是我国乘势而上开启全面建设社会主义现代化国家新征程、向第二个百年奋斗目标进军的第一个五年，是党和国家发展历程中的重要战略机遇期，百年未有之大变局深刻演进，国际局势风云变化，国内发展呈现出许多新特点、新机遇、新优势、新问题、新挑战，以大智移云为特点的技术优势加速推进各行业变革，以国内循环为主、国际国内互促的双循环发展的新格局正在形成。着眼"十四五"新发展阶段，以脱贫攻坚取得历史性胜利为里程碑，我国"三农"工作重心发生了历史性转移，新发展动能、新发展模式、新消费形态在对"三农"工作提出新要求的同时，也为精准扶贫与乡村振兴有效衔接带来重要机遇。

3.2.1 党的领导为做好过渡与衔接提供了根本保证

实践一再反复证明，党的坚强领导是推动农业农村发展的根本保证。新民主主义革命时期，中国共产党着眼社会主要矛盾发展变化和革命阶段任务的变化，因时因势制定农村政策，为促进农村生产力发展、联合各阶层共同推动民族独立解放提供了重要保障。比如，在大革命阶段提出"打土豪、分田地"，为"星星之火燎原"争取到群众基础；土地革命阶段推行"依靠贫雇农、联合中农、限制富农"，为解放和发展革命根据地的生产力，壮大革命根据地实力奠定了基础；抗日战争期间为团结一切力量一致抗日，提出了"地主减租减息、农民交租交息"，稳住了农村"基本盘"，夯实了抗日"大后方"。进入社会主义革命时期，中国共产党又根据社会主义本质特征、社会主义初级阶段特征和社会主要矛盾变化，对农村土地性质、生产经营关系进行了一系列渐进变革，最终实现了基本口粮自给自足，现行标准下农民全部脱贫，农村一、二、三产融合发展的良好局面，为全面建设社会主义现代化国家奠定了重要基础。

进入新发展阶段，党对"三农"工作的理论认识不断深化、政策举措更加精准、发展路径十分清晰，提出在 2020 年全面完成脱贫攻坚任务的基础上，分 2025 年、2035 年、2050 年三个阶段深入推进乡村振兴，最终实现农业强、农村美、农民富。2021 年年初，为进一步巩固脱贫攻坚成效，推进精准扶贫和乡村振兴无缝、有效衔接，国家乡村振兴局挂牌成立，拉开了"三农"工作重心向乡村振兴全面转移的大幕；同年，中共中央、国务院印发《关于全面推进乡村振兴加快农业农村现代化的意见》，提出自脱贫之日起设立 5 年过渡期，过渡期间原有的帮扶政策保持总体稳定，渐进式分项、分类实现优化、调整，逐步实现由"输血式"扶贫向"造血式"发展振兴转变。

综上所述，无论是在革命战争年代还是社会主义建设时期，中国共产党始终将农村工作摆在突出位置，高度重视解放和发展农村生产力，积极创造条件帮助广大农民实现更好发展、创造更好生活。正是基于党的坚强领导和一以贯之的惠农政策，广大农村才发生了翻天覆地的变化，正逐步从全面脱贫走向全面振兴。立足新发展阶段，我们有充分的理由相信，依托各级乡村振兴组织机构，借助过渡期稳定不变的惠农政策、资源支持、人才帮扶，必将推进精准扶贫与乡村振兴实现有效衔接。

3.2.2 科技赋能为促进农业现代化带来了重要机遇

我国农业生产长期面临着一些问题，比如人均耕地资源有限，无法发展规模化农业。农业生产限制性因素太多，受地形、水文、交通运输、物流成本、市场外销半径等诸多因素影响，抗风险能力较差，极易因任一外部条件波动而遭受重创，投资风险较大。农业生产的"低收益性"和"高风险性"特征制约了集约化发展，导致社会资本进入农业生产的积极性不高，农业现代化之路缺乏充足的资金加持。农业生产经营现代化程度不够，科技支撑有待增强，主要表现在农机作业的覆盖率不高，高端智能的农机装备应用率低，农业生产的装备化程度有待大幅提升；农业可持续发展的技术支撑不足，荒漠化、石漠化、沙漠化、水土流失、土壤污染、水源枯竭等制约农业可持续发展的问题还比较突出，技术解决手段还不足。

党的十八大以来，在以习近平同志为核心的党中央领导下，国家加大了对农业生产基础研究、科技推广的投入，我国农业科技基础研究取得重大进展，作物、畜牧兽医、农产品加工、农业环境、农业信息等领域科技创新水平跨入世界前列，一批涉农新产品、新装备、新标准加速投入运用，农业生产力显著提升。以粮食安全问题为例，党的十八大以来我国在提高水稻、小麦产量上集中攻关，经过反复试验，研究出亩产超过1 000千克的超级水稻品种，攻克了冬小麦节水关键技术问题，破解了华北小麦主产区水资源匮乏问题，为粮食增产提供了技术支撑。特别是随着新一代信息技术的应用推广，智慧农业加速发展，农业现代化水平逐步提高。比如四川省南充市南部县晚熟柑橘现代农业园，通过量身定制的农业信息化管理系统，与手机连接实现一键操作、一键查看田间气候、土壤肥力、灌溉用水、作物长势等实时监测数据，为农户生产管理提供了精准化、可视化、智能化的决策依据，从而实现增长增效。与传统的经验管理模式相比，智慧化的农业管理系统可实现节水、节肥、降低人工成本和实现增产增值等多种功效①。

总之，在农业基础研究不断深入、农业应用技术创新水平持续提升、信息技术深度作用农业生产场景的今天，科技为农业现代化注入了强大动能。随着新技术、新模式、新设备的加速推广运用，必将推动农业生产由分散经营向集约经营、由经验管理向智慧管理、由提高产量向提高综合效益转变，必将引领农业农村由边缘性贫困向全面振兴、全面进步转变。

3.2.3 全面深化改革为乡村组织振兴带来政策支撑

中国共产党第十八届三中全会首次提出全面深化改革的重要论述，为社会各项事业的改革发展提供了基本遵循和指导。党的十九大报告进一步提出坚持全面深化改革，不断推进国家治理体系和治理能力现代化的具体要求。乡村组织振兴是国家治理体系和治理能力现代化的重要组成部分，在全面深化改革的政策背景下乡村组织振兴迎来重要发展机遇。党的十九大报告为深化新时代农业农村改革提供了建设路径和行动指南，设计了时间表和路线图，为"三农"问题提供了解决方案和战略机遇。在"十四五"规划的开局之年，地方政府接续推进精准扶贫与乡村振兴战略有效衔接，探索过渡期内包括职业教育服务乡村振兴在内的政策举措和社会价值，充分做好体制机制和制度改革的衔接工作，珍惜"增量"与"变量"的递进发展规律，在思想观念、目标规划、政

---

① 资料来源：工业和信息化部倾情帮扶南充市南部县，http：// sc. china. com. cn/2020/ nanchong_ 0617/373910. html.

策体系、体制机制等诸多方面实现更加精细化、高质量的耦合改革和无缝衔接，推进乡村治理改革，促进组织振兴，带动产业振兴、人才振兴、文化振兴、生态振兴。

3.3 精准扶贫与乡村振兴有效衔接面临的挑战

2020年，我国脱贫攻坚战取得了全面胜利，现行标准下9 899万农村贫困人口全部脱贫，832个贫困县全部摘帽，12.8万个贫困村全部出列，区域性整体贫困得到解决，完成了消除绝对贫困的艰巨任务。但是我们也要看到，从精准扶贫到乡村振兴仍面临不少困难，精准扶贫与乡村振兴有效衔接还需要应对诸多挑战。

3.3.1 产业发展到产业振兴面临的挑战

（1）部分农民小农思想根深蒂固，产业发展受到影响

我国自古以来是以农业为主，多数家庭以耕作为生。随着战争的催化、铁器的产生，农业生产力得到了很大的提升，社会生产力也得到了发展，但是农民的生活却并没有富起来。封建社会土地大多数是由地主或者宦官所占用，农民独立拥有土地的寥寥无几，因此农民的生活要完全依附于地主或者宦官的土地，社会的贫富差距越来越大，国家动荡不已。到了明初，朱元璋下诏否定地主阶级的部分产权，将土地分给农民耕种，鼓励贫农开辟荒地，甚至通过拖家带口移民的手段，削弱地主富户的势力，使普天之下农民的土地分配大体平均。朱元璋下令，要让真正耕种土地的人拥有土地，且不得转让，任何人的后代也都必须从事父辈的职业，不得改行①。加上明朝奉行闭关锁国、重农抑商的政策，农民禁锢在自己的土地上，多数人也就养成了自耕自足，过小日子不图大发展的小农意识，但农民的生活依然是贫困居多，甚至温饱问题也是大问题。中华人民共和国成立以后，《中国土地法大纲》《中华人民共和国土地改革法》等一系列土地相关政策制度相继出台，国家全力推行土地改革的实施，

---

① 资料来源：《倒退的帝国》，https：//baijiahao. baidu. com/s？id=1658232014635353773&wfr=spider&f.

其逐渐打破了地主阶级封建剥削的土地所有制的牢笼，逐步开始推行农民的土地所有制（黄建荣 等，2015）。农民们这才开始真正地耕自己的地，过自己的生活。正因如此，父辈们对自己的土地无比珍惜，但小农思想根深蒂固。

2020年课题组在调研过程中，重庆秀山县的一位扶贫干部这样说过："要从脱贫走向致富，家里老人的思想转换很不容易，他们固守自己的一亩三分地，不愿交给村里集中打理。不管如何劝说，有几户老人就是不愿意配合。对于在这里住了一辈子的父辈们来说，他们除了耕地，不晓得能干啥，觉得不种地就莫得吃。"正是这种长期以来根深蒂固的小农思想，导致部分农村居民对土地流转持抵触心理，他们不愿易地搬迁，不愿意将土地移交出来发展集体产业，导致农业产业发展受限。

要实现脱贫攻坚与乡村振兴的有效衔接，必须解放思想，转变观念，引导农民吸收更多的现代化信息和思维，让小农户通过土地流转、要素入股、劳动力就业、产销对接等形式参与新型农业经营主体发展乡村产业①，这是从消除绝对贫困迈向解决相对贫困、实现乡村全面振兴的根本性任务之一。

（2）乡村产业融合成本较高，融合意愿不足

2020年，脱贫攻坚取得全面胜利，据有关数据统计，已经"十二连快"的农民收入依然显示增长，但其上半年全国农民人均可支配收入扣除物价因素实际增长只有6.7%，相比往前12年都在8%以上的同期实际增长率，这个首次掉到7%以下的实际增长率是一个值得高度重视的信号。一方面，在已经全部脱贫的情况下，农村居民的生活水平提高，农产品消费结构加快升级；另一方面，农民增收比较缓慢，持续增收缺乏新动能。2020年，党中央提出要加快构建以国内大循环为主体、国内国际双循环相互促进的新发展格局，这给农村经济发展、产业发展指明了方向，对广大农村而言，只有大力发展产业，才能为国内大循环奠定良好基础，才能逐步实现以城带乡，城乡互动发展。因此，产业振兴至关重要。要推动产业振兴，光靠第一产业远远不够，需要构建农业产业体系、生产体系、经营体系"三位一体"的现代化农村产业体系，以农村一、二、三产业深度融合发展培育农村新产业新业态，不失为一条相对可靠的发展路径，它能够大力促进农业经济发展方式转变、推进农业供给侧结

---

① 资料来源：李国祥，如何理解乡村振兴战略的"五个振兴"，http:∥edu.newdu.com/Events/course/201811/392857.html.

构性改革深化，激发农村发展活力，提高农业生产效益，实实在在为农民增收开辟新途径。但是，农村一、二、三产业如何融合？谁来种地？怎么种地？农村环境和基础设施问题如何解决？怎样在保证农业产业产量的基础上提高农业产业质量、效益、自我发展力和市场竞争力？如何能让农村居民能够可持续地、相对较快地增加收入和提高生活质量？又如何让农村居民能够参与到农村产业的增值收益分配中来？解决这一系列问题使得乡村产业融合发展的成本相对较高，其主要体现在如下方面：

第一，土地流转与治理成本高。一方面，城乡用地指标难落村。长期以来在以城市为中心向外扩张的城乡一体化发展战略中，大部分地区的年度建设用地指标直接落到农村区域是相对较难的，即便是有农村土地整理、村庄整治出来的建设用地，也很大可能以某种必然的方式将指标挂到了相对城市区域，这也就导致逐渐形成了农村的地农村很难用的怪圈（宋洪远，2019）。另一方面，农民的土地流转利益难均衡。关于土地流转的利益划拨与支付，根据相关政策，一般是离城中心越远，土地对应的价值，即农民土地流转的利益分配就越少。对于在城市打拼、来回在城乡穿梭的农村青壮年，在自身因土地流转获得的补助比其他地区少时，就很不情愿将土地流转，且一直将流转价格拔高到自己觉得"合适"的价格，至此企业用地将花费更多的精力、人力、物力和财力。此外，土地治理成本高。农村青壮年外出打工多年，留乡的老人和小孩并不能将土地完全耕种，使得多数土地荒废多年，土壤变质，环境污染严重。不管是种植还是开发，在用地之前必须进行治理，尽管可以获得当地政府的一定财政支持，但这笔治理费用对追求利润最大化、升值最快速的企业来说，依然是不小的数目。

第二，产业融资成本高。企业融资通常有两类途径，一是债权融资、二是股份融资。不管是哪一类融资方式，其资本成本都是可以估量的，它代表的是一种可能存在的风险。如果是债权融资，债权人要看债务人的还款能力；如果是股份融资，投资者要看企业发展前景与未来收益。在当前经济发展有所放缓的大背景下，企业融资越来越难，更不用说在资金极其短缺、缺少有效抵押物、效益发展相对较慢的农村创业、办企业。当然，也有部分村民以土地流转、要素入股、劳动力就业等方式参与在农村创业、办企业，这确实解决了一部分问题，但也带来了农民培训成本、管理成本及农户利益分成等问题。

第三，基础设施投入大。产业融合发展是农村的一种新产业新业态，是在

"互联网+"基础上发展起来的新生事物（王平 等，2018），它需要良好的无线网络连接、城乡通畅无误的交通、干净整洁的特色住宅等基础设施。在脱贫攻坚这一阶段，农村基础设施得到很大程度的改善，但对于偏远的乡村，要实现产业化发展，即要从无到有、从有到特、从特到优，基础设施建设的投入是非常大的。

从企业利益最大化的经营目标和利益相关者理论来看，企业在发展成本较高、效益实现周期长、分配所得利益小的情况下，其融合发展的意愿将越来越弱。那如何以政策推动、政府带动、财政资助、企业支持、村民自愿来缓解乡村产业融合成本高、难度大等问题，是实现乡村一、二、三产业深度融合发展，构建现代农业体系，全面提升农村产业高质量高效益可持续发展能力的关键（方晓红，2018 年）。

（3）农村产业现代化程度不高，融合发展难以支撑

农村产业融合不是简单地将农业、工业、服务业三个产业领域加起来，而是"你中有我、我中有他"的有机交融，是农业产业化的"升级版"。农村产业高度融合离不开工商资本的参与甚至发挥引路作用，在此基础上就更应该大力培养和培育家庭式农场、农村产业合作社以及有乡村居民参与入股的农村企业等多元化的经营主体（房沫舍，2016），由农民群众自己干、当主角，要让农民更多地直接创造和分享产业链、价值链的升值收益。高素质高技术技能是企业发展的基础，是产业融合发展的重要支撑。但就目前而言，农村产业现代化程度还不够，难以支撑完全由农民为核心的经营主体的发展。

第一，农民产业化意识有待增强。"农业产业化""产业融合"均是随着产业经济结构调整与供给侧改革发展而来的，其都处于探索发展阶段。对于受教育程度不高、知识水平不高的农民而言，"农业产业化""产业融合"都是非常陌生的。尽管在脱贫攻坚阶段，扶贫干部、村委会及相关部门对其进行了大量的政策解读和宣传，但其对"农业产业化"依然还停留在"听说"的阶段，对其本质并没有很好的认知。在西南地区调研中发现，多数农民只知晓要脱贫就要进行大量农业生产与销售，以为"农业产业化"不过就是对传统农业换个说法而已，并未从根本上认识这一新生事物。因此，农业产业结构调整难、供给侧改革不够深入、农村居民接受度不够，最终导致在农业产业化的实践操作过程中缺乏更为具体的实际运行规划和更加必要的各方面、各层级、各部门的相关协调，在一定程度上给农业产业化的发展、运行与推广增加了很大

的难度。

第二，农业生产技术水平有待提高。2021年两会期间，全国人大代表高向秋说："科技创新让农业有了更加现代化的育种、栽种技术，不仅提高了产量，而且提升了质量。"据统计，2020年，我国农作物耕种收机械化率达到了71%，农业科技进步贡献率迈上60%的新台阶[①]，这可以说是我国在农业科学技术上取得的一项巨大成就，但要实现安全、高效、高产的产业化有效产出，我国的农业生产技术水平还有待提高。当前，部分地区农业科技的应用与推广落后于科学研究，农产品的深加工技术水平还有待提高，农业技术人员缺乏，组织机构不健全，部分地区农业机械化水平整体偏低。广大农村留村人员依然以老人、小孩、妇女居多，加之其文化水平偏低，对于农业机械的使用并不熟悉和熟练，这就直接降低了区域农业机械化应用的整体水平，导致农业经济效益整体提升比较缓慢。

第三，农业基础设施有待完善。西南地区之所以不发达主要是受到土地资源、交通基础设施和信息化基础设施的发展落后的限制，其严重制约了乡村农业的可持续发展能力。在脱贫攻坚阶段，政府投入了大量的资金对乡村基础设施进行建设和改造，但距离乡村振兴还有很长一段距离。一方面，大多数乡村已经有了供水设施，解决了饮水问题，但有限的水资源的供需矛盾依然是我国的突出问题，农村的农业生产水利基础设施抵御自然灾害风险的能力还有待提升。另一方面，目前大多数城镇的农村都通了公路，村通村、村通镇、镇通县、县通城，基本解决了农村出行难、坐车难的问题，道路交通的便利与快捷促进了农村经济的发展和城乡交流与融合发展。但是，在一些偏远的农村，交通设施依然还不够完善，阻碍了其与外界的沟通与交流，不利于农村发展。此外，部分偏远地区的网络通信较为落后，4G、5G网络并不普及，数字化发展迟缓，智慧型产业营销和物流配送难以搭建，导致农业产业化生产与销售难以形成规模。

第四，产业经营现代化水平有待提高。一方面，由于农民文化水平较低，小农意识根深蒂固，以农民为核心的经营主体缺乏现代化的管理理念、知识和能力（周盼盼，2015），农村企业内部控制制度建立与运行及企业管理不规范

---

① 资料来源：有能力端稳自己的饭碗（奋斗"十四五"奋进新征程），http://paper.people. com.cn/rmrb/html/2021-03/08/nw. D110000renmrb_ 20210308_ 1-10.htm.

甚至缺失，导致产业经营风险抵御能力难以增强，生产规模和效率难以提升。另一方面，由于缺乏技术上的有效支持及地方部门"重量轻质"的发展观念，农业与第二、三产业融合不够紧密和深入，地方产业链建设不健全。农业产业链环节衔接不紧密或者缺失，导致大量农产品加工缺乏精细化，产品附加值不高，市场价格较低且竞争力不足，在很大程度上挫伤了农民的生产积极性。此外，农村产业信息化发展能力不足和信息化程度不够，获取相关信息资源不够，信息处理与分析能力不足，以及农民缺乏现代化、专业化的营销观念与策略及市场推广理念，导致农村产业很难适应瞬息万变的市场需求，难以在国内、国际市场打开局面。同时，大数据应用于"三农"可以对有关海量数据进行存储并分析，可以加快产业化发展和农村经济建设，但其技术还不够成熟、相关法律法规还不够健全以及有关隐私保护还不够严密等相关风险也不容忽视（尹骁 等，2015）。

（4）乡村产业同质化较严重，差异化发展比较滞后

产业振兴是乡村振兴的重要物质基础，而在农村发展产业却是一个大难题。其主要表现为产业同质化现象比较突出，产品特色不够鲜明，农业产业差异化发展处于初级阶段，客观上导致农产品处于无序竞争的状态。

第一，产业扶贫过度集中在种植业和养殖业，同质化现象突出（刘芳震，2018）。基于政绩考核，少数乡镇干部希望得到快速产出的政绩，并快速解决农民的实际问题。政绩的冲动导致部分干部在基础产业扶贫中选择了容易入手、经营时间短、成果实现快的产业，主要集中于种植业和养殖业。在调研中发现，一些农产品品种相对单一，加工相对粗糙，特点特色不鲜明，难以满足多元化的现代化市场的需求。同时，相当一部分的农产品的销售要依靠消费扶贫来解决，造成销量好的假象，这就会导致产业一哄而上，若长此以往，将出现严重的供需失衡，农产品滞销，抵御市场风险和自然风险的能力越来越差，可持续发展能力弱，对农民的冲击将更大，扶贫成果就难以巩固。

第二，乡村旅游和休闲农业特色不突出，旅游人流量不足。当全国各地农村都在期望发展休闲农业和乡村旅游来致富的时候，部分乡镇干部投入大量的财力、物力和精力进行环境建设和宣传推广，种植花卉、树木，修建庭院、道路，搞起了旅馆、饭店，顺带销售特色农产品，吸引教育机构、养老机构入驻。前期为了抢占市场、吸引消费者，各项消费价格是比较便宜的，人流量也是相当多的，但这种现象难以持久，根本原因在于各地乡村旅游模式大同小

异，特色不鲜明，乡镇政府结合本地资源禀赋和交通优势的思考不够，对消费者需求研究不够，对资源整合不够，在打造创意农业、体验农业、休闲农业时规划不合理，缺乏创新性，致使旅游吸引力不够，回头客不多，再加上乡村旅游产业竞争非常激烈，利润比较低，乡村旅游投入成本高，亏损比较严重。

没有产业兴旺，农民收入不可能持续增长。当前所有贫困户已经脱贫，要实现产业振兴，从脱贫走向富裕，形成一个可持续的长效机制，归根到底要从思想、政策、制度、人才四个维度共同发力。农村产业振兴还需要借助城乡产业融合，使市场的需求与农村闲置资源供给形成有效衔接，发展"人无我有，人有我优，人优我转"的特色产业（魏俊杰，2019）。这也是农村产业振兴的一个重要发展思路。农村产业振兴首要的是农民思想观念需要转变，经营理念需要进一步改进，从这个维度来看，职业教育能发挥其应有作用，助力产业发展和振兴。

3.3.2 人才匮乏到人才振兴面临的挑战

乡村人才匮乏是不争的事实，过去广大乡村存在"386199"现象，但近些年一些乡村妇女随丈夫外出务工，家里只留下老人和孩子，呈现出"6199"现象，这种情况在西南地区尤为普遍。本书课题组2020年8月到重庆巫溪县、武隆区、云阳县等区县调研时，乡镇干部普遍反映现在农村最缺的是懂农业经济、管理、营销的实用人才，这是乡村振兴最大的短板。不可否认，人才衔接是实现精准扶贫与乡村振兴有效衔接的关键，人才振兴是实施乡村振兴战略的关键，习近平总书记强调，要"就地培养更多爱农业、懂技术、善经营的新型职业农民"，培育新型职业农民是乡村振兴战略的应有之义，是助推农业高质量发展、全面建成小康社会的必要举措[1]。

（1）农村居民职业技能水平较低，市场竞争意识不强

随着经济社会的不断发展，我国乡村居民文化素质有所提高，但提高速度不快，表现为农民综合素质普遍偏低，农业生产发展能力、市场适应力、竞争力提升难度较大，乡村振兴面临着人才匮乏的困境。作为农业产业化发展与推进乡村振兴的主力军，大多数乡村居民的文化水平或专业素养相对偏低，接

---

[1] 资料来源：张译木，培育新型职业农民 实现乡村全面振兴，http://www.qstheory.cn/llwx/2020-05/06/c_1125946866.htm.

受、理解及运用新生事物的能力相对较差，劳动力整体素质不高（陈子宇 等，2019），这在很大程度上阻碍了农业现代化发展和农村的经济建设进程，是制约我国实现乡村振兴的一大障碍。

第一，职业技术技能水平还需提高。目前，有劳动能力的农户都能够独立开展有效耕地生产，能够在实现自给自足的同时向外输出一部分农产品获取收入，但其发展模式依然是单家农户的自我发展。在农村一、二、三产业融合发展的大趋势下，要想实现农业产业化发展，必须有清晰的自我定位，农民不仅是生产者，也是营销者和管理者（蔡金鑫 等，2018；朵顺英，2020）。因此，新型职业农民不仅要在原来的实践积累的基础上，提升自身的科学化、安全性生产能力，还要提升自我的信息技术应用能力、销售能力和经营管理能力。要较快地掌握运用新技术与新渠道（张译木，2021），保证安全生产农产品，精深加工农产品，高质量输出农产品，合理营销农产品，规范农业经营管理，促进以农民为主体的农村产业高质量可持续发展。

第二，市场竞争意识有待增强。新型职业农民不仅仅是技术技能学历化、专业化，其思想和意识素质亦是与时俱进的。现实生活中，一些地方大量农产品滞销，虽然原因是多方面的，但农民对新技术销售方式掌握不够、市场竞争意识缺乏也是不争的事实。农业产业化和产业融合发展，不是农业与工业、服务业的简单相加，而是集生产、管理、服务于一体的你中有我、我中有你的新业态产业（张傲雪，2016 年）。这就要求既是生产者又是管理者和服务者的农民，在提升技术技能的同时，还要培养自我的市场意识和创新意识，要有市场敏感度，能准确把握变化多端的多样化市场需求，绿色安全生产农产品，精深加工农产品，创新包装产品与服务，拓宽销售与发展渠道，促进实现农产品"零库存、高效益"。

（2）高素质人才留村意愿弱，创新发展面临挑战

以人力资本开发为抓手增强乡村自我发展能力，以乡村人才汇聚推动和保障乡村振兴的实现，增强"三农"内生发展能力和市场竞争力，是实现乡村振兴的基本路径之一。农业人才兴则农业兴，农村人才强则农村强，以足够数量的高素质技术技能型人才为基础的农村生产力是乡村振兴实施和实现的根本保障（蒋和平 等，2019）。乡村振兴不仅是农民自己的事情，更是社会各界共同的事业。因此，推动人才振兴，不仅仅是要提升农民本身的技术技能和思想意识，更要留住一部分农村优秀人才，吸引一部分外出人才回乡和一部分社会

优秀人才下乡。根据调研结果发现，农村留守家乡耕地的多数为老人和孩童，其吸收农业科学技术能力差，难以助力发展现代化农业，更难以保障农业的可持续发展。而"70后不愿种地，80后不会种地，90后不提种地"的情况让乡村技术人才乏力、管理人才稀缺、乡村产业创新发展推动力严重不足，严重影响着农村产业现代化发展。这是亟待解决的问题，也是难题。

第一，涉农专业高校毕业生很少流向农村。由于受传统观念的影响，加之父母创造了良好的条件，涉农专业的高校毕业生大多热衷于在薪资待遇和生活环境都比较好的大城市工作，其就业去向基本以相关事业单位、企业或出国为主。涉农专业高校毕业生存在"三多三少"的现象，即留城的多回村的少，改行的多对口的少，考公务员进企业的多，搞农业生产的少（蒋和平 等，2019）。涉农专业高素质青年人才流入农村的很少，基层农技工作人员老龄化严重，形成了乡村农技推广队伍年龄断层、专业化水平降低、创新意识和能力缺乏的局面，阻碍了农村产业发展能力的提升，制约了农业现代化进程。因此，化解农村对专业技术人才的需求与大学生就业期望之间的结构性矛盾成为实现乡村人才振兴的重大课题。

第二，部分经济管理人才视乡村工作为跳板。农村经济管理人才是让城市要素资源与乡村资源畅通流动的纽带，是农业产业发展的重要推动力。但根据调研结果发现，目前乡镇的农村经济管理人才正面临着严重的老龄化问题，且他们所积累的管理经验多侧重于传统农业生产，已无法很好地适应从脱贫攻坚迈向乡村振兴对经济管理人才的多样化、现代化的急切需求和要求（蒋和平等，2019）。同时，尽管国家出台了一系列的政策鼓励大学生考村干部支援乡村建设，但部分大学生村干部在农村经过历练，积累了一些农村经济管理经验，在其聘用期满后就希望离开农村，选择环境和条件都更好的地方，能够主动留在农村且愿意为其经济发展、美好生活而付出青春与汗水的大学生不太多。因此，专业化、职业化、信息化的农村经济管理人才严重缺乏，高流动性、年龄断层等问题导致乡村振兴推动力不足，在很大程度上影响农村居民努力致富的信心和积极性，阻碍农村经济的稳定发展。

第三，农村"80后""90后"纷纷进城务工。长期以来，我国农村劳动生产率低、机械化程度低，且受自然风险和市场风险的侵蚀，导致农业收益慢、效益低。同时，社会上存在重工轻农的思想，农业生产者的社会地位相对较低，农村文化基础设施短缺，文化活动较少，农民的精神文化生活无法得到满足，一些农民为追求更高的收入和更丰富多彩的生活纷纷进城务工。年轻的农村劳动力的缺乏，给农业产业化发展造成了不利影响，"谁来种地"的问题依然未得到彻底解决，乡村振兴面临人才匮乏的困境。

本书认为人才匮乏到人才振兴是一个系统工程，它受多种因素的影响，从职业教育的维度提升农村人力资本是一条操作性较强的路径，建议政府在原来的基础上加大对农村职业教育的投入力度，夯实农村职业教育发展基础。全方位开展高素质农民技能培训，融合开展线上线下相结合的混合式培训，大力开展多元化新型农业经营主体带头人培训。提高农民的文化素质、技术技能、思想素质，提升农业生产发展力和市场竞争力，持续增强乡村发展的内生动力和创新活力。

3.3.3 文化发展到文化振兴面临的挑战

乡村文化振兴是乡村振兴战略的一个重要组成部分，新中国成立以来，广大农村乡风淳朴、农民勤劳善良；随着市场经济的发展，乡村文化一方面呈现一种合作、竞争的态势，另一方面大量农村年轻人游走于城市之间，乡村文化出现传承断代。在新时代，要实现文化振兴，需要应对诸多挑战。

（1）乡村文化未深度挖掘，价值认可有待强化

现代工业文明创造了城市生活，但在飞速发展的工业化文明系统中，物质财富因为缺乏浓厚的精神与文化的制衡出现无限制增长，这样的趋势不仅侵蚀了大量的资源，造成资源浪费和环境污染，也吞噬了人类文明不断进步的精神食粮和文化灵魂，使人类文明在物质主义、病态消费主义、GDP 主义的单极化世界中渐行渐远（张孝德，2013），这就是所谓的现代工业文明病。而医治当代人类文明病的"药"正埋藏在我国优秀的乡村文明中。据历史记载，中国乡村文明是世界上历史最悠久、发展最成熟的乡村文明，其是中华五千年文明的重要组成部分，是中华文明传承与发展的伟大功臣（张孝德，2015）。乡村文化是中华传统文化的源头与载体，中国五千年的文化的根在乡村，多元化的文化在乡村。从地理资源与生态环境差异来看，我国丘陵地带的乡村有诗情画意的古风古景乡村文化，山地有世外桃源的山水如画乡村文化，平原有田园明居的悠然自得乡村文化，青藏高原有无际天堂的空灵辽阔乡村文化；从历史发展来看，我国有神话传奇的乡村文化、远古存留的乡村文化、历史名人的乡村文化、历史古迹的乡村文化、特色民族的乡村文化（张孝德，2014）；从乡

村产业发展来看，我国各地乡村有不同的茶文化、花文化、陶瓷文化、刺绣文化、武术文化、耕读文化、语言文化、饮食文化；从人情世故来看，在乡村依然还有天人合一的尊天敬地文化、基于熟人社会的互助利他的亲情文化、家风教化与家规家训为一体的乡土文化。这些文化，既是生态文明建设需要汲取的营养①，也是现代化诸多城市文明病的解药。

这些文化随着现代工业化发展逐步被淹没，随后又随着乡村扶贫工作的开展被觉察。一些乡镇为了快速增加旅游收入，选择了表层化的乡村文化建设，如在进行乡村旅游开发时将原汁原味的乡村美景、乡村传统活动进行现代化改造，在对乡村农产品、艺术品等进行快速的初级加工后就向外流通等，造成乡村年轻人、乡村外部的群体只了解其乡村文化的表面，对于其内涵和本质含糊不清，客观上阻碍了乡村文化的传承和发展。在调研中发现，由于乡村存在严重的断代问题，长期在乡村居住的多为老人，青壮年多数在外务工，对祖辈所保留的原汁原味的乡村文化一知半解，甚至毫不知情，导致乡村文化的传承断代。部分外出务工的青壮年拿着住在城市、走在时尚前端、过着现代化生活的噱头，对乡村文化有不屑一顾的心理，甚至忽视。部分青年对中国传统节日、传统语言、传统艺术等优秀传统文化淡漠，甚至认为乡村文化已过时，并不能满足他们的精神需求和文化提升需求。在由相对封闭的乡村社会向现代化的相对开放的社会转变的过程中，利益的追求，快速的城市化，迅猛的工业发展，西方文化的冲击，都是导致乡村文化挖掘不够深入、传承和发展受阻的重要原因。

乡村是中华传统文化传承与发展的重要载体，一个承载着五千年乡村文明历史的国度在进行城镇化发展过程中，必须给承载着中华文明的乡村以足够的发展空间和位置。习近平总书记提出"记得住乡愁"的中国城市化，承载着实现我们中华民族伟大复兴的核心与灵魂，传承发展提升乡村优秀传统文化，是乡村振兴的重要课题。如何在新型工业化、信息化、城镇化、农业现代化的同步发展中，深度挖掘乡村文化，在保留和继承优秀传统的基础上进行适当生态化、现代化改造，以适应新时代需求和市场发展；如何在私人利益占有欲滋生、西方文化大肆冲击的情况下，营造浓厚的乡村文化氛围，借助新型技术、

---

① 资料来源：张孝德，解读乡村文明价值，倡导诗意乡村建设，https://www.sohu.com/a/137819122_ 660005.

方式、方法等新时代工具去承载乡村文化价值，发挥乡村文化的生产价值和生活价值，让更多人认同乡村文化、享受乡村文化、传承乡村文化、发展乡村文化；这些都是在乡村振兴道路上，实现文化振兴的重大挑战。

（2）城乡融合发展不够，文化振兴的基础不牢固

乡村文化振兴不是一个孤立现象，也不是孤立的存在，它是与城乡融合发展休戚相关的，在市场经济高度发展的今天，离开城乡融合发展谈乡村文化振兴是不合理的。城市和乡村的关系既是一体两面、对立统一，又相辅相成。城市的问题需要通过乡村来解决，乡村的问题也需要城市来协助化解（张智慧，2019）。城乡融合发展是加快推进农业产业化发展、构建"三农"现代化体系的重要举措，也是促进城乡平衡发展的良策。"城乡融合"的提出，是我国城乡关系发展思路的根本性转变，也是必然的转变，是解决城乡二元结构突出问题的关键，是实现乡村振兴的基本路径，实现现代化的必由之路（孙昌乾，2019）。

但是我们要清醒地看到，城乡融合发展不够，二元结构问题仍然比较突出。近年来，我国农村现代化发展逐步走上正轨，农业生产率和生产效益不断提升，乡村经济发展取得巨大进展，在一定程度上缓解了城乡二元结构的问题。但是由于"三农"发展基础薄弱，城市发展基础雄厚，乡村社会的发展速度与城市社会发展的速度亦相差不少，以致于城乡二元结构问题的改善是有限的。再者，部分偏远的山区由于交通基础设施、网络基础设施、教育与医疗等公共服务等受到地势、环境和人文等因素的影响，该地区的区域性城乡二元结构问题依然呈现相对恶劣的形势，由于缺乏生机，偏远地区乡村文化呈现比较萧条的态势。此外城乡公共服务均等化难度大。2020年我国脱贫攻坚取得决定性胜利，基本公共服务均等化取得了相对显著的成效，基本医疗保障、基础教育、义务教育以及基本养老保险等基本公共服务保障方面均实现了城乡居民全覆盖，乡镇居民获得了相对平等的"待遇"。但是由于区域经济水平和资源优化配置的不平衡，城乡基本公共服务标准存在差距（张海鹏，2019），以致于城乡的教育资源、医疗卫生资源依然发展不均衡。其主要表现是乡村教育和医疗起点低，发展缓慢，整体提高程度不高，城乡教育与医疗的资源配置在数量和质量上存在差距，客观上减缓了城乡公共服务均等化发展的速度。物质基础决定上层建筑，城乡融合发展不够，最终会影响到人们的观念和行为方式，不同的物质基础会产生差异化的文化，物质基础差距越大，所代表的文化

差异越大。

此外，文化振兴的基础不牢固。突出表现是文化振兴人才相对匮乏，尤其在西南地区广大农村，由于生计所迫，一些有能力的青壮年农民外出务工，农村人口呈现"空心化"的状态。乡村文化建设失去了人才支撑。西南地区不少农村多数为老人和儿童，他们的文化素养较低，缺乏科技知识和文化知识，对乡村文化建设、发展和传承缺乏起码认知，乡村文化振兴缺乏内生动力和造血机能。这应该引起政府高度重视。青壮年农民外出务工，乡村文化建设留不住人才，本质上讲仍然是城乡融合发展不够，农村人才非常愿意到城里工作和生活，而城里的人不愿意到乡村工作和生活，城乡文化交流受阻。此外乡村文化建设还缺乏文化基础设施。从调研的情况来看，西南地区村社普遍缺乏乡村文化建设发展规划，对文化设施、人才队伍建设、村民活动阵地、农家书屋、村社乡贤培育等缺乏思路和规划。有的村社虽然建设了农家书屋，但设置的楼层高，书籍少，没有看书的地方，缺少使用功能，文化设施建设流于形式。

总之，乡村文化发展到文化振兴是一个系统工程，也是一个比较艰巨的任务，核心是要解决城乡融合发展问题，当然，这不可能一蹴而就，需要不断努力，分阶段完成。当前首要是制定乡村文化振兴的规划，可以联合职业学院培养乡村振兴人才，挖掘本地区特色资源，开发人文资源、特色景点、名优特产等，做到文化的保护和传承；大力开展乡贤人才培育，宣扬社会主义核心价值观，在广大农村宣扬社会主义荣辱观，积极开展社会治理，打击赌博、盗窃等违法活动，树立社会主义农村新风尚。

3.3.4 生态粗放到生态振兴面临的挑战

美丽乡村，要靠良好生态做支撑；美丽中国，要靠美丽乡村打底色。但长期以来的粗放式经济发展方式、资源开发过度、生态环境遭受破坏严重，且农业产业化发展与生态环境治理难同步，致使距离实现"农村美"的目标还有很长一段距离。

（1）乡村环保意识不够强，生态环境受到侵蚀

良好的生态环境是农村最大优势和宝贵财富，是乡村振兴的支撑点和质量保障。长期以来，部分地区农业发展依靠的仍是粗放增长，在脱贫攻坚期间，部分地区为了快速获得经济成果，在进行农业生产时忽视了对环境的治理，这不仅给农产品质量安全带来隐患，也造成了农业水源污染。生态环境问题本身

就是慢性问题，其在短时间内难以被发现，当被发现后更难以治理。因此，生态环境如治理不好，就会逐渐侵蚀农村本身良好的魅力风光、村民的幸福生活及乡村的经济发展。乡村振兴需要生态振兴，生态振兴能够为乡村振兴提供质量保障。

一是非农建设导致耕地受损。随着工业化、城镇化、现代化发展，城市不断向外扩展与扩建，建设用地、工业用地、住宅用地、交通设施等公共设施建设用地等越来越多，农村农业可耕种用地面积逐渐减少，绿化面积不断缩减。同时，越来越多的农村居民因种地收益少甚至亏损而放弃耕种、选择外出打工，从而造成良田荒废（刘瑞明，2017）。良田荒废，耕地土壤受损，土质发生恶化，又造成绿植越来越少。这就形成了一种"土荒→人走→土荒"的恶性循环。在脱贫攻坚阶段已经投入大量财力、物力和人力去治理原来环境的"疑难杂症"，在这些"疑难杂症"还未根治的情况下，非农建设依然要持续进行。

二是环保意识弱导致资源被破坏。相对而言，乡村居民自觉保护自然生态环境的意识比较淡薄，缺乏对自然生态环境保护与治理的社会责任感与主人翁意识，甚至有时候为了追求个人自我的利益，不惜大肆消耗环境资源甚至破坏自然生态环境，导致农村大量森林被砍伐却无种植意识、水土流失严重却无保护行为、土地荒漠化严重却无治理举措等环境资源严重浪费、生态环境遭到破坏的问题。种树长树的速度赶不上砍伐速度，水土迁移的速度赶不上流失的速度，土地荒漠化治理的效率慢且未治本等环境问题仍然存在，农村生态环境问题预防和治理的步伐和效率还须加大。

三是乡镇工业无序排放导致环境污染。随着我国城市化和现代化的发展，大多数工业企业都向乡镇迁移，尤其是化工类企业，尽管相关部门严格管理企业废水、废气、废渣等污染源的排放，严格要求企业严肃处理后排放，定期与不定期进企监督查看。企业废物处理成本是非常大的，以至于依然有部分工业企业不预防、不处理、无序排放，造成地下空气污染、水污染等环境污染问题。加之，在偏远乡镇农副产品加工业依然还处于较为落后的水平，其深加工层级还不够高，不仅在满足市场需求上难度较大，且其在加工过程中产生的废弃相对较多、资源消耗相对较大、资源利用率相对较低，造成农产品资源浪费严重，农产品产出成本相对较高，市场价值难以弥补。

四是农业用药施肥不合理导致食品安全问题。农业科学技术在偏远农村的应用水平较为落后，且机械化程度有限，加之偏远乡村的农民小农思想严重，为了片面追求利益最大化，其在生产过程中农药的使用与化肥的施用不合理，导致农产品农药残留严重，土壤地力下降。为了"多产"，部分农民过度交叉种植或者在同一地块常年同种，导致耕地受损严重。农村养殖业中兽药和抗生素的残留问题也是食品安全和人类健康的一大威胁。

（2）产业发展与环境治理难同步，乡村主体的保障机制不够健全

诚然，从生态粗放到生态振兴是一个系统的工程，既有成本效益不协调、产业发展与环境治理难同步的原因，更有乡村主体的保障机制不够健全的因素。

一是产业发展与环境治理难同步。农业、工业、服务业的一、二、三产业融合发展模式是必然选择和有效路径。工业企业的参与、服务行业的融合，以农业为核心的"第六产业"的产生与发展①，势必萌生越来越多的以农民为核心的经营主体的集聚。根据"谁污染谁治理，早发现早治理，污染源要预防"的要求，农村经营主体理所当然是乡村环境治理的重要主体，但是单个企业或者单个农户不愿承担责任，因为环境污染并非单个企业或者单个农户生产环节所致。环境问题的预防和治理自然成为政府公共产品，除非政府花大力气予以治理，否则农村产业发展与环境治理就难以协调一致。

二是乡村主体的保障机制不够健全。首先治理生态粗放缺乏融资机制。从调研的情况来看，大多数乡镇、村社把重点放在产业发展上，把有限的资金投放到群众增收致富的项目上，对村社生态建设投放资金微乎其微。其次乡村生态振兴缺乏应有的规划，多数乡村振兴示范村制定了产业发展规划，但对生态建设与打造缺乏深入思考，对村社环境宣传教育、垃圾处理、村容村貌建设、生态休闲场所等没有整体考虑。最后广大农村生态人才缺乏，当前急需环境监测、土壤板结治理、水土保护等技术技能型人才，目前村社干部由于受到文化程度限制，根本不能承担生态环境监测与管理的责任。一些乡镇政府也缺乏环境监测的人才，对广大村社生态环境不能有效指导和监督，生态修复与治理缺乏人才支撑为一句空话。此外村社干部工作手段缺乏创新，对生态治理缺乏激励举措，西南地区有些村社积极探索垃圾回收激励办法，如贵州部分村寨探索

---

① 资料来源：乡村生态振兴的实现路径和政策创新，https：//www. 360kuai. com/pc/9d3d3cd19cf5a2ce3? cota＝4&kuai_ so＝1&tj_ url＝so_ rec&sign＝360_ 57c3bbd1&refer_ scene＝so_ 1.

的"垃圾银行"模式，鼓励农民通过垃圾收集、分类获取积分换取物品等值得借鉴。

总之，从生态粗放管理到生态振兴，是一个比较复杂的过程。既需要政府进行机制体制改革，加大对环境污染等公共产品的投入，同时还要以乡村振兴为契机，补足生态振兴的短板，切实做好乡村生态振兴的短期、中期、长期规划，发挥政府的指导和引领作用，联合职业院校开展生态环境治理的培训，培养专业人才。值得注意的是乡村生态振兴，农民不能缺位。政府要充分发挥村社干部、村民的主观能动性，激发他们的内生动力；村社干部和村民要积极行动起来，不等不靠，主动作为，建设自己的美丽家园，形成生态振兴的强大合力。让绿水青山真正成为兴村富民的金山银山（韩俊，2018），这也是乡村振兴道路上必须回答的重大问题。

3.3.5　组织发展到组织振兴面临的挑战

乡村振兴战略的实施与实现离不开和谐、稳定的社会环境，而和谐、稳定的社会环境需要有效治理才能形成。乡村治理是国家治理的基石，多年来我国实行基层群众自治制度，这是基层民主的一次重大实践，应该说被选举产生的村委会能较好代表村民利益，在引导村民发家致富、树立社会新风、维护乡村稳定等方面发挥了重要作用；但是在精准扶贫与乡村振兴有效衔接的过程中，村委会内生动力和工作能力还不足（鲁明月，2019），村民自治意识还不够强，基层干部队伍不够稳定，上级党组织帮扶作用还需进一步加强。

（1）基层治理基础不扎实，村民自治意识不强

从调研的情况来看，部分村委会干部存在年龄老化、文化程度不高、开拓进取意识不强、引领力不够等具体问题。一些村干部虽然想为群众办实事、办好事，但受个人能力和视野限制，发展经济的手段不多，在群众中威信不够高；还有的村干部法治意识相对薄弱，在处理村民与村民、村民与集体的矛盾方面缺乏法治思维和法治方式，部分地区群众的多元化诉求未得到有效回应，产生的干群矛盾给基层社会治理带来了新的困难；还有的村干部对乡风文化塑造不够、重视不够，村民对参与评选乡贤村贤、家规家训等已经开始淡忘，道德文化的约束还未成为内在共识，其本身埋藏的乡村优秀传统文化并未得到更深入的挖掘、宣传、弘扬，社会主义核心价值观引导践行还存在较大差距，以至于基层组织建设缺乏精神支撑和文化引导。从村民角度来看，随着社会的不

断进步，大多数乡村居民参与社会治理或乡村治理的意识在不断增强，但由于各方面原因，村民并未完全参与到乡村治理中去。一方面，部分村民民主意识和主人翁意识还不够强，文化层次相对较低，参与乡村治理的能力也有限，并不能适应村民自治工作需要；另一方面，部分村民的小农思想作祟，在参与议事时除非涉及自身利益，否则对村级公共事务漠不关心。在精准扶贫与乡村振兴有效衔接过程中，上级政府的支持很重要，但村委会治理能力和村民积极参与同样重要，村民积极参与村级事务，献计献策，不等不靠，以主人翁的态度建设自己的家乡，这是乡村振兴的应有之义。

（2）基层骨干队伍不稳定，基层党组织堡垒作用发挥不够

一是大学生基层就业不够稳定。多年来，为了培养一大批懂理论、能实践、勤肯干、能进村的社会主义新农村建设骨干人才、党政干部队伍后备人才、各行各业优秀人才，促进其向基层单位落实就业，为新农村建设注入新的活力与动力，加强基层组织建设，国家陆续出台并实施多项大学生就业扶持政策，如"三支一扶"选拔、大学生村官选拔、选调生选拔等。不管是"三支一扶"、大学生村官还是选调生，都为乡村建设注入了新鲜的血液和力量，这几支队伍受到政府高度重视，并有明确的上升通道。如重庆市规定参加"三支一扶"、大学生村官服务期满两年的大学生，如考核合格，可以留村任职、留村创业，也可以考取公务员、选调生等成为党政干部后备人才，还可以考取事业单位、国有企业等定向招聘，可以说"三支一扶"、大学生村干部的服务经历是其今后就业的加分项。而选调生工作的开展，从某个角度来看，其实际上是为培养相关党政领导干部后备人选和县级以上党政机关高素质的工作人员人选而进行的重点培训培养工程（时希望，2015），虽然政府打通了上述人员的发展通道，但服务期满自愿留村为乡村建设贡献力量的比例并不高，客观上导致乡村基层组织年轻力量相对缺乏，农村基层党组织建设缺乏新鲜的血液和力量。

二是基层党组织堡垒作用不充分。为解决贫困村经济发展问题和村级班子建设的问题，1984年9月，党中央和国务院在相关会议及文件精神中要求并强调国家相关部委派遣干部深入贫困地区开展专项扶贫工作，帮助贫困地区发展经济，建强班子，推动了干部下乡参与扶贫的政策缘起与发展（谢建平 等，2020）。从"要选派身体好、有一定专业知识的优秀干部深入基层，参加贫困地区的开发工作"到"选派精明强干的干部到最困难的贫困县、乡、村去开

展工作"，从"各级党政机关部门要积极参与扶贫开发工作，与贫困县实行定点挂钩，并确立工作目标为不脱贫不脱钩"到"要同群众同甘共苦，做艰苦细致的工作，帮助村里搞好班子建设，开辟致富门路，解决群众最关心的热点难点问题"，选派干部下乡参与扶贫的制度基本形成，并长期在坚持。在新的历史阶段，党中央为消除绝对贫困选派了很多优秀干部到扶贫一线，为村民致富贡献了力量，并取得了脱贫攻坚的决定性胜利，但在精准扶贫与乡村振兴有效衔接的过程中，基层党组织建设问题仍不可回避，当前一些偏远地区农村基层党组织政治引领功能发挥不够充分，治理能力和治理水平不高，村级党组织引领乡村振兴思路不清、举措不明，缺乏工作后劲，没有内生动力，村级事务发展滞后，群众有意见。这些问题应引起帮扶干部的高度重视。可以说农村基层党组织建设关系到村级事务的可持续发展，关系到农村发展内生动力的形成，也关系到村民持久增收致富。本书以为，从长远来看，加强农村基层党组织建设是帮扶工作的根本，抓住了这个根本，乡村组织就能振兴，乡村治理才能和谐进步。在乡村振兴的大背景下，一方面，政府要继续帮扶产业发展，促进村民致富；另一方面，政府要加强基层党建，首要的是帮助村委会建强党支部堡垒，积极选拔懂农业爱农村爱农民的优秀中青年农民加入村委会，增加新鲜血液，提升村委会内生动力和发展能力，增强号召力和发展本领，把村干部培养成致富带头人，推动组织振兴，最终实现乡村可持续发展，这是乡村振兴最重要的一环。

4 职业教育服务精准扶贫与乡村振兴有效衔接的内在逻辑

　　实现社会主义强国的现代化，离不开农业农村的现代化。同时，实现教育的现代化，离不开职业教育的现代化。新时代乡村振兴战略的顺利推进和最终实现，离不开职业教育的功能支持和有效帮扶。职业教育自身的内涵建设和高质量发展也离不开乡村振兴的实践检验和经验反馈。因而，职业教育与乡村振兴之间存在着相互促进、相互影响的耦合关联及内在逻辑。

　　乡村振兴战略涉及农村区域政治、经济、文化、社会、生态等各个领域，是一项系统性的巨大工程，具体可以分为乡村产业、人才、文化、生态和组织五个维度的振兴。其中产业作为经济发展的根基，产业振兴是乡村振兴的物质基础，处于五大振兴之首；人才作为引领社会发展的第一生产力，人才振兴是乡村振兴的核心要素；文化作为社会进步的灵魂，文化振兴是实现乡村振兴的精神支柱；生态作为社会和谐发展的宝藏，生态振兴是实现乡村振兴的关键支撑；组织作为社会治理的堡垒，组织振兴是实现乡村振兴保障引擎。五个振兴之间相互依存，相互影响，共同发力。但在当前精准扶贫与乡村振兴有效衔接的过程中，面临着乡村产业发展到产业振兴的挑战、乡村人才匮乏到人才振兴的挑战、乡村文化发展到文化振兴的挑战、乡村生态粗放到生态振兴的挑战、乡村基层组织发展到组织振兴"五个挑战"。从教育与乡村社会发展之间的关系来看，职业教育是与区域经济发展关系最为密切的教育类型，同时也是社会智力扶贫和技能扶贫的"直通车"和"推进器"。从教育的功能价值视角来看，职业教育肩负着重要的时代使命和历史重任，具有人才培养、科学研究、社会服务、文化传承"四个维度"的基本社会功能，直接或间接地作用于乡村社会，促进乡村价值链、供应链和创新链的融合同构。职业教育"四个维度"与乡村振兴"五个挑战"之间存在着一种内在的逻辑关系，它们之间交互影响、动态传导：职业教育是助力产业发展到产业振兴的重要引擎，职业教育是助力人才匮乏到人才振兴的智力支撑，职业教育是助力文化发展到文化振兴的传承载体，职业教育是助力生态粗放到生态振兴的重要力量，职业教育是助力组织发展到组织振兴的动力源泉。

在精准扶贫与乡村振兴有效衔接的过程当中，职业教育的基本功能将进一步凸显，对脱贫攻坚具有重要的帮扶和支持作用。职业教育服务乡村振兴战略是一项多层次、多维度的系统性工程，需充分发挥职业教育固有的内在作用，做好顶层设计和合理规划。后扶贫时代，职业教育的扶贫功能被赋予了新的时代内涵和历史愿景，其在服务乡村振兴战略中大有作为、大有可为。职业教育本身所固有的外部性、开放性、社会性、实践性和生产性等维度特征，决定了职业院校的专业建设、人才培养、技术创新、文化传承等必须树立大局意识和服务意识，主动作为和抢占先机，深刻总结精准扶贫的有效经验，不断巩固脱贫成果，激发内生动力，迎接机遇，化解挑战，才能为支持乡村振兴铺平道路。

4.1 职业教育是助力产业发展到产业振兴的重要引擎

职业教育是与社会经济发展最为紧密的教育类型，是引领社会进步的风向标，是调节经济发展的晴雨表。在同社会经济协同发展的过程中，职业教育特别是农村职业教育能够有力释放经济发展活力和动力，成为引导产业发展和推动产业振兴的重要引擎。现代化农业产业结构的调整、升级与优化，农业农村新兴产业的培育和发展，离不开高素质高技能的专业人才以及高质量高规格的农业劳动力。职业教育作为连接乡村产业需求端和人力资源供给端的桥梁和纽带，其向乡村社会输送人才的质量和规格，决定了农村劳动力能否支撑现代农业产业结构升级和优化。职业教育的功能使命、目标定位与"三农"问题高度契合，职业教育的社会属性、社会取向与乡村发展同向同行，职业教育的人才培养、专业设置、课程体系与农业产业结构调整、升级无缝对接。因此，职业教育能够促进农村劳动力、土地、技术等要素资源的合理配置，成为推动农村经济发展和农业产业兴旺的动力和引擎。

产业发展到产业振兴归根到底需要科技支撑。科学研究是职业教育的一项重要功能，而科学技术作为社会进步的第一生产力，是实现国家创新发展战略和农业现代化的关键所在。这些论断为新时代夯实农业科技服务提供了根本遵循和有效指引。现代化农业的实现需要采用科学技术手段来突破和拓展新的发展空间。在"十四五"开局时期，农业科技应强化农业领域关键技术攻关，大力推进科企融合和科技治理自强，强化科技服务，以高质量科技引领农业农村现代化。职业教育尤其是农村职业教育在专业建设、"农科教"融合和农业技术研发等方面具有明显的优势和特长，应成为农村地区服务农业现代化的中坚力量。农村职业教育应强化农业科学技术服务，将农业科技成果迅速转化为现实田间地头的生产力，创建"产→学→研→创→用"一体化的农业科技创新服务体系和平台体系，为实现农业现代化提供技术支撑和制度保障，为实现农业农村可持续发展提供不竭动力和制胜法宝。职业院校要充分发挥其科技服务职能，落实"农科教"结合与"产学研"融通，建立"农科教"有机融合的长效机制，积极主动适应国家战略，把科技服务的主战场扎根于广大相对贫困的农村地区和少数民族地区。通过打造服务乡村振兴的农业生产技术服务团队，采用"送科技下乡、送技术入户"的手段，切实解决"三农"技术难题和农业生产的痛点和堵点，真正帮扶农民增产增效增收。

针对乡村产业发展中项目、技术、团队、政策匮乏的难题，在助力产业振兴中，充分发挥职业院校产业规划的作用，探索"抱团发展、产教融合、种养结合"的科技创新新思路，改"单户独斗"为"抱团发展"，变"传统生产"为"产教融合"，废"单项生产"为"种养结合"，激发要素活跃，促进乡村产业兴旺。充分发挥职业院校的智库优势，让"教育专家+农业专家"深入乡村实地调研，针对乡村产业需求的实际，精心编制职业教育振兴帮扶计划和产业发展规划，创新"职教集团+合作社+农户""职业院校+农业企业+贫困户""职业院校+基地+农户"等科技创新模式，为乡村产业发展提供智力支持和科技服务。

4.2 职业教育是助力人才匮乏到人才振兴的智力支撑

人才培养是职业教育的重要职能。作为社会人力资源开发的主要组成部分，职业教育是兴邦之本、富民之基。打通政策"血脉"，持续推进农村职业教育向更高水平发展，促进脱贫成果与乡村振兴有效衔接，实现职业教育与乡村振兴发展同频共振。随着社会经济的不断发展和科学技术的日益进步，整个社会对技术技能型人才的需求日益高涨，职业教育越来越受到国家和社会各界的高度重视。职业教育与普通教育相比更加贴近生产劳动和社会实践，在人才培养和技术培训方面具有周期短、见效快等特征和优势，能够源源不断地为农村社会输送大量技术人才和劳动力资源。

职业教育要紧密对接乡村振兴战略发展的目标和要求，统筹推进德智体美劳育人体系建设，开创校地合作办学新模式，与地方政府共建乡村振兴产业学院，全面推行现代学徒制人才培养模式改革，实质推进校企双元协同育人。通过提升乡村地区农业人口的基本素养和知识技能水平，为实现农业现代化提供基础性的智力支持和人才保障，有力激发农村社会生态的内生动力和经济活力，实现自我超越发展、自我能力突破和自主创新再造，实现农业从"输血式"推进到"造血式"扩张的大跨越和大转变。在乡村振兴战略的时代背景之下，通过职业教育为社会培养和输送大批技术技能型人才，已经成为化解农村社会劳动力资源供给不足等发展问题的重要抓手。随着脱贫攻坚取得决定性的胜利，精准扶贫政策将逐渐过渡到乡村振兴战略上来，在这有效衔接的政策过渡期内，如何确保职业教育政策由精准扶贫向乡村振兴平稳过渡和顺利发展，做到政策衔接"不脱档"、工作衔接"不断档"，充分发挥职业教育的内生力和外在张力，为实现乡村振兴的伟大目标保驾护航和添砖加瓦，是当前职业教育领域面临的一项重大课题。在此背景下，根据国家乡村振兴战略的整体需求和发展规划，以及不同地区的现实需要和具体实情，采取易落地、可操作的政策举措，充分发挥职业教育的活力，应显尽显职业教育职能，提升人才培养质量，向农村社会输送大批高素质技术技能型乡村振兴人才。

4.3 职业教育是助力文化发展到文化振兴的传承载体

文化是乡村建设发展的灵魂。追溯中华民族优秀传统文化的根与魂，其承载者、守护者和维系者就是广大乡村地区。建设文化强国是党的十九大报告提出的重要目标和建设任务，为职业教育服务社会和乡村振兴战略赋予了新的时代使命和时代任务。新时代培养文明乡风、优良家风、淳朴民风，培养新型职业农民，倡导文明健康的生活方式，营造乡村农户家庭和睦融洽、团结互助的邻里关系、人际关系，重视农耕文明的传承与发扬、山水田园风光的呵护与保持、乡土生活与乡村建筑等乡土元素的维系与保护，文化建设都是题中应有之义。

文化传承是职业教育的重要职能之一，职业技艺的传授与其承载的文化都是以职业教育为载体进行传递和承接的。职业教育的文化传承功能更多地体现在职业院校校园文化软实力的建设和管理层面，主要包括职业院校的制度文化、专业文化、品牌文化和特色文化等诸多方面。职业教育的文化传承功能对乡村文化振兴有着重要的推动作用和指引效能。当前乡村文化存在陈规陋习惯性大、内容形式引力低、文化氛围环境弱等问题，乡村文化振兴面临着巨大挑战。职业院校的专业文化、品牌文化、特色文化能有效浸润乡村社会，职业院校应组织师生开展文化设计，创建文明新村，传承民俗技艺，发挥职业教育推动乡村以文"化"人、以文"育"人、以文"感"人的作用，引导村民主动融入，实现知行合一，推动"文化兴村"落地生根。乡风文明建设是乡村振兴的重要内容和基本保障。在新时代乡风文明建设被赋予了鲜明的时代内涵，是乡村可持续发展和美丽乡村建设的内生动力和精神之"钙"。因而乡村文明建设具有重要意义。通过职业教育实现乡村悠久历史文化、手工民俗技艺的传承和创新以及创建良好的文化环境是推进乡村文化转型和实现乡风文明建设的重要途径，从某种意义上讲，职业教育能够为乡村文化振兴提供一定的精神动力。

职业教育助力文化发展到文化振兴，当前最好的载体是农文旅融合。文化是旅游的灵魂，旅游是文化的载体，农文旅融合，相互促进。旅游能够"活村"，文化能够"强村"，旅游和文化都自古以来都是不分家的。那些拥有着丰富人文资源、浸润着历史文化气韵的地方往往最受游客青睐，因此应深入挖掘整理农村具有特色的历史文化素材，打造富有乡村文化特色的文旅项目和品牌，引领乡村振兴，建设美丽乡村，推动乡村文化振兴。在充分挖掘乡村文化的基础上，将深厚的历史文化底蕴转化为具有生活体验内容的特色文化村落。因此，农文旅融合是大势所趋，融休闲、游乐、体验为一体，更是时代之需和未来所向。职业教育只有迎合时代发展之需，及时调整办学理念和更新人才培养模式，建立农文旅协同发展的长效机制，培养具有高尚职业道德和精湛专业技能的人才，扎根乡村并且热爱乡土文化的专业人才，从而从整体上提升乡村人才的综合素质。

4.4　职业教育是助力生态粗放到生态振兴的重要力量

当前精准扶贫与乡村振兴有效衔接过程中，乡村社会生态观念淡薄、生态保护行为欠佳，乡村振兴面临乡村生态粗放到生态振兴的挑战。乡村社会的自然生态、社会生态和文化生态同乡村振兴战略发展规划的生态宜居、乡村人才之需、乡风文明之需等存在差距和矛盾，为职业教育服务脱贫攻坚与乡村振兴有效衔接指明方向和路径。

乡村生态粗放式发展，追本溯源是由于发展理念存在问题。倡导人与自然和谐共生、和平共处，牢固树立"绿水青山就是金山银山"的可持续发展理念，充分践行职业教育服务乡村发展的时代使命，推动乡村发展观念和建设理念的转变，建设生态宜居、和谐美丽的乡村，职业教育在这其中扮演着非常重要的角色。一方面，职业教育要坚持"绿色发展理念"的办学原则，充分践行使命，助力农村经济优化升级，发展特色产业，建立可持续发展和循环发展的乡村产业链发展体系；通过职业教育帮助人们树立和践行绿色发展理念和生活理念，增强乡村文化意识，使人们养成绿色生活行为，助力实现人与自然和谐发展。另一方面，职业教育应秉持"以生为本"的价值观念，满足学生身心发展等多元需求，通过对乡村人才的培养来推动乡村经济社会又好又快地发展。

绿水青山就是金山银山。职业教育应回归教育本真，以环境友好发展和资源永续利用为准绳，助力乡村增强绿色意识，营造绿色氛围，建设绿色生产方式和模式，使人们养成绿色生活习惯和生活方式。在当前乡村生态振兴处于转型发展和负重前行的关键时期，迫切需要以绿色发展、生态优先为根本遵循和发展理念，把乡村绿色低碳生产、农业生物资源保护等政策落实责任到人，让"绿水青山就是金山银山"的发展理念落地生根。职业教育要主动为乡村生态振兴提供技术支持和智能引领，组织师生开展生态教育，入村指导绿色生产，帮助乡村减少生产污染，提升产品质量，迈上环境友好发展之路。同时职业教育要助力乡村大力发展特色产业，打造绿色品牌。职业教育是对传统乡土文化进行传承、发展和创新，培育绿色生产意识，将节能、环保等外在要求升华为美丽乡村的内涵建设，从而推动形成绿色健康的生产生活方式。

职业教育可为乡村生态振兴提供技术标准和服务体系，突破乡村生态治理困境的浅层困境，实现生态振兴。一是助力乡村大数据发展进程。信息技术的飞速发展使得乡村生态振兴可行可控可期；但执行主体的缺失，导致乡村大数据发展的形式大于内容，产生了"数据悬浮"的治理现状。职业教育可在乡村数据治理中大有作为，它能够依托信息技术对乡村治理数据进行捕捉、采集和挖掘，实现乡村数据增值和服务再造。二是培育乡村数据治理技术人才。职业教育培养的是懂数据、善管理、能分析、会使用大数据进行乡村治理的新型职业农民，把乡村大数据加工为信息，内化为知识，升华为智慧，让乡村大数据价值得到最大化的发挥。三是提供乡村数据治理技术和标准。职业教育应积极主动为乡村数据治理提供技术支持和技术示范。针对当前乡村生态脆弱性和敏感性共存的实然状态，职业教育应充分挖掘生态建设大数据，用好关键性技术，为乡村村民树立可持续发展理念，做到事前事中事后治理精准有效。

4.5 职业教育是助力组织发展到组织振兴的动力源泉

组织振兴是实现乡村组织发展的逻辑起点和最终归宿，组织兴则乡村兴，组织强则乡村强。然而现实的乡村组织普遍存在着基层社会治理人员文化素养偏低，乡村组织自我发展能力不足，乡村基层党组织存在组织力弱化、宣传力不够、凝聚力不强、服务力泛化等多重问题和现实困境，从乡村基层组织发展到组织振兴存在较大的困难和挑战。因而，组织振兴是乡村振兴的重中之重。职业教育有着天然的专门性和社会性，特别是农村职业教育的多重价值属性与基层农村社会的治理属性有效契合，其服务于个人发展和经济社会发展的目的和功能决定了它应为组织振兴提供服务。农村职业教育的育人价值塑造着受教育群体的职业素养，还潜移默化改变着受教育群体的思想观念以有利于推行"以德治村"和"以文化村"；农村职业教育的育才价值培育着受教育者的职业能力，有助于激发乡村人口自我管理、自我教育、自我监督。乡村组织是个人谋生的单位，也是经济社会发展的细胞。乡村组织是确保党与国家的路线方针政策在乡村地区得以贯彻实施的重要抓手，是乡村振兴战略的组织者和实施者。职业教育与乡村组织之间在要素、结构、功能上存在着一定的逻辑关联。要素逻辑方面，职业教育的具体微观要素如师资、课程、技术等通过智能帮扶、信息传递等方式输入乡村社会组织，促进乡村组织及"人""地""业"等的发展。进而，乡村组织各要素的发展又进一步推进职业教育诸要素的更新、优化和升级。结构逻辑方面，职业教育充分发挥了其在层次、结构、布局、类型等方面的显著优势，大力推进乡村基层党组织、基层政权组织等要素的协同发展，最终实现乡村组织的全面振兴。乡村组织的全面振兴，有力推动了农业现代化进程，进而对职业教育的类型、层次等要素产生深远的影响。功能耦合方面，职业教育肩负着育人、经济、政治、社会、文化等方面的综合功能，助推乡村"空心化"治理，实现乡村组织治理的全面提升和功能完善。

建立职业院校基层党支部与乡村基层党组织常态化合作联系机制。校村双方基层党组织通过联合开展"心连心，手拉手"等形式的结对帮扶活动，互助合作，提升凝聚力和战斗力，发挥示范辐射带动作用，依托党建引领村民开展本土产业，农文旅融合助农增收。通过启动党建项目带动平台项目，推行治理项目带动产业项目，坚持以党建为灵魂，充分发挥党的政治引领作用和党组织的战斗堡垒作用，推进平台建设和治理体系逐渐完善和优化，提升乡村治理水平，从而实现乡村治理机制健全、治理有序的目标。以强化乡村党支部建设为抓手，坚持"党建+脱贫攻坚+乡村振兴"有机融合，牢固树立"党建促振兴"的发展理念，依托职业院校教师党支部"双带头人"的专业优势，积极指导村党支部发展产业，加强治理，树立文明新风。

建立职业教育助力乡村组织振兴的社会支持系统。健全和完善职业教育法律法规，加强顶层制度设计，扭转职业教育"重城市轻农村"的办学理念和偏差，切切实实为广大乡村培养以"三农"干部队伍为支撑，以新型职业农民为主体的乡村实用型人才，为组织振兴提供不竭的人力资源；推行政府和社会合作办学机制，完善职业教育支持经费长效化、多元化投入机制，设立农村职业教育发展基金，实施职业教育与乡村组织合作协同治理的双向办学模式，强化职业院校与乡村组织在人力、物力、财力、政策、机制等方面的协同合作，实现乡村职业教育多元化治理格局，让乡村组织真正融入职业教育，让职业教育真正服务乡村治理，不断赋予乡村组织崭新的生命力。

5 职业教育服务精准扶贫与乡村振兴有效衔接的现状分析

5.1 精准扶贫与乡村振兴有效衔接问卷设计

5.1.1 调研设计

根据心理行为学相关文献及本调研需求，结合"云南省连片贫困地区农户情况和扶贫现状调查问卷"指标整理，这里从精准扶贫与乡村振兴的有效衔接入手，开发和设计了本次研究的主要题项和方向。本次调研设计主要通过电话、社交平台或面对面等访谈式调研与线上线下混合式问卷调研相结合的方式，得到了关于精准扶贫与乡村振兴有效衔接的影响数据，并基于该数据进行了实证分析。

（1）开放式访谈调研

根据本次研究方向与侧重点，针对精准扶贫与乡村振兴有效衔接的特性，访谈围绕"您认为影响精准扶贫与乡村振兴有效衔接的因素有哪些？"深入开展。基于结果的可得性、数据结果的便捷性，研究合计访谈了 10 名人员，其中分别包含云南、贵州、四川、重庆的部分贫困地区的村干部、相关扶贫工作人员及扶贫研究学者等，访谈时间为 2020 年 7 月 10 日—2020 年 8 月 30 日，并得到了较好的访谈结果。

从访谈结果来看，精准扶贫与乡村振兴的有效衔接，仍然离不开人力、物力、财力及其环境的影响，人力资本是智力基础，资金资源是物质基础，政策制度是引导保障，乡村文化是精神支柱。基于此，我们结合预调研结果与相关文献将对精准扶贫与乡村振兴有效衔接的可能影响因素分为人力资本、资金资源、政策制度、乡村文化、衔接程度 5 个部分，其定义解读如表 5-1 所示。

表 5-1　影响因素及定义解读

因素名称	相关定义解读
人力资本	劳动者的知识技能、文化技术水平、思想及其提升情况
资金资源	非人力资本的资源，主要指资助、投资等财、物、技术、供应链方面的资源
政策制度	精准扶贫与乡村振兴战略相关的法律、法规、制度、管理方法等
乡村文化	乡村及其居民关于精准扶贫与乡村振兴的思维方式、价值观念等
衔接程度	精准扶贫成果巩固情况以及乡村振兴发展的情况

（2）正式问卷的调研测量

我们通过相关文献分析及访谈结果，得到本次关于精准扶贫与乡村振兴有效衔接影响因素的问卷，该问卷主要分为三部分内容：第一部分内容主要交代本次调研的目的，方便被调研人员进行填写；第二部分为背景因素的调研，了解被调研人员的个体特征情况以及对各项扶贫结果的提问；第三部分为正式问卷部分，了解被调研人员对人力资本、资金资源、政策制度、乡村文化、衔接程度 5 个因素的认知结果。

5.1.2　量表开发与设计

基于以往学者的相关研究，结合本研究内容对影响因素按照以下规则划分：①对衔接中前期人力、资金、政策等生产资料感知情况进行划分；②按照人文发展、衔接情况进行划分。结合调查问卷题项，本书设计出包含 25 个题项的问卷，最终根据询问情况整理出关于参与量表的题项设计。具体指标题项如表 5-2 所示。

表 5-2 指标题项编码表

维度	题项编码	题目
人力资本	A1	帮扶程度
	A2	生产资料运用情况
	A3	技术技能培训效果
	A4	产业发展指导效果
	A5	留村意愿
资金资源	B1	财政补贴
	B2	贷款扶持
	B3	助学贷款获取难易度
	B4	企业投资
	B5	信息技术应用
政策制度	C1	政策解读与传递
	C2	政策制度实践
	C3	政策制度完善程度
	C4	政策制度有效性
	C5	管理人员的工作水平
乡村文化	D1	发展信心
	D2	发展意愿
	D3	引导作用
	D4	文化丰富程度
	D5	绿色发展重要程度
衔接程度	E1	生产销售的产业链发展
	E2	生产发展力和市场竞争力的形成
	E3	精神文化生活的满足
	E4	环境污染程度的改善
	E5	基层组织力量的完善

数据来源：根据相关文献及访谈结果整理。

5.1.3　问卷发放与收回

（1）问卷发放

结合本研究问卷主要内容和测量方向，我们采用线下走访调查填写问卷、线上问卷星发布问卷相结合的方式对云南、四川、重庆、贵州4个地区的相关贫困村镇进行了调研。

（2）问卷收回

对收回的问卷进行筛查与整理后，用 Excel 软件对数据进行预处理，同时用 SPSS24.0 软件、AMOS24.0 进行数据分析。

整体问卷逻辑为依次采用开放式问卷调研法和网络问卷调研法进行调研，采用统计学分析方法对样本的回答情况进行了统计和分析。本书主要对问卷调研结果进行验证分析，其着眼于分析被调研人员对影响因素的广泛认知。

5.1.4　数据分析方法

对于调研获取的关于精准扶贫与乡村振兴有效衔接的相关数据，我们在利用 Excel 进行预处理以后，主要使用 SPSS 统计分析软件进行样本数据处理与分析。其中，主要利用信度分析检验问卷回收结果的可靠性，即只有当问卷回收结果的信度越高的情况下，数据分析的结果可靠性才越高。当然，如果所检验的信度值在 0.7 以下，对于是否继续使用该样本进行研究分析则有待考量；利用效度分析检验因子与结果的拟合度，效度越高，即拟合度越好，对检验结果或研究分析结果的支持力度越强，即数据分析结果的可信度越高；利用描述性统计分析法分析被调研人员背景情况，以对数据源进行初步分析；利用 AMOS 结构方程模型对假设模型的拟合度进行检验，得到数值越显著模型拟合指标的适配性越高，对结论的支持力度越大。

5.1.5　问卷预测分析

在研究之初，为保证问卷的可行性，本书进行了初步调研工作，并对问卷的初测结果进行了信效度检验。数据表明，初测问卷信度值为 0.801，符合大于 0.7 的统计学要求，同时，利用探索性因子分析方法进行效度分析时得出的结果是 KMO 值为 0.883、球形检验 p 值明显小于 0.001，说明其结构效度检验通过。整体来看，初测问卷的数据表明，本次问卷设计是合理的，数据结果信度与效度检验通过。

5.2 精准扶贫与乡村振兴有效衔接的影响因素

本次调研收集整理问卷 794 份，剔除部分回答不完整、回答题项遗漏、前后回答相互矛盾等相关无效问卷，最后合计回收有效问卷 763 份，其问卷回收有效率为 96.096%，即问卷访谈的发放与回收有效，能够采用相关的统计学分析方法对本次问卷结果进行分析以便进一步研究，并得到本次研究相关结论。

5.2.1 描述性统计分析

5.2.1.1 被调研人员背景情况统计

本书利用描述性统计法从性别、年龄、文化程度、是否为村干部、平时主要工作 5 个部分对参与本次调研的群体背景情况进行了阐述分析，结果如表 5-3 所示。

表 5-3 被调研人员背景情况统计

背景变量		人数/个	占比/%
性别	男	253	33.159
	女	510	66.841
年龄	18 岁及以下	31	4.063
	19~35 岁	90	11.796
	36~50 岁	132	17.300
	50 岁以上	510	66.841
文化程度	初中及以下	523	68.545
	高中或职高	141	18.480
	大专	62	8.126
	本科及以上	37	4.849
是否为村干部	是	111	14.548
	否	652	85.452

表5-3（续）

背景变量		人数/个	占比/%
平时主要工作	在家自己种地	416	54.522
	在合作社打工	184	24.115
	在外面打工	125	16.383
	其他	38	4.980

（1）从性别结果来看，男性人数总计253人，占总人数的33.159%，女性总计510人，占总人数的66.841%，说明就当前农村情况而言，女性的人数明显高于男性，主要原因可能是男性作为主要劳动力选择了外出打工；

（2）从年龄来看，50岁以上年龄占比为66.841%，说明就农村的留守情况而言，多数为老年群体在农村进行留守耕地；

（3）文化程度的调研结果表明，农村人员的学历水平相对较低，68.545%的人员学历均在初中及以下，大专及以上的人员占比为12%；

（4）对于村干部的调研分布来看，由于本次调研的方向性，其参与调研的村干部人数为111人，占比为14.548%，其余多数为普通农民群众；

（5）从平时主要工作结果来看，多数群体是在农村自行耕地种植，24.115%的群体在合作社工作。

5.2.1.2　精准扶贫和乡村振兴的了解情况结果分析

本书在问卷中还就人们对精准扶贫和乡村振兴的了解情况进行了问卷调研，主要从以下几个方面进行了询问：

（1）对精准扶贫和乡村振兴的政策了解程度

从对精准扶贫和乡村振兴的政策了解程度的调研结果来看，80%以上的人员均表示对相关政策具有一定的了解，但也有15.596%的人员表示不了解，这说明对政策的宣传、解读还需要进一步交流和沟通，以提升全员熟悉度。具体调研结果如表5-4所示。

表5-4　精准扶贫和乡村振兴的政策了解程度调研结果

了解程度	人数/个	占比/%	有效占比/%	累积占比/%
特别了解	372	48.755	48.755	48.755
有些了解	272	35.649	35.649	84.404
不了解	119	15.596	15.596	100.000

（2）对农村脱贫的效果评价

从脱贫攻坚对农村脱贫的效果评价的调研结果来看，86.36%的被调研者认为脱贫攻坚对农村脱贫是很有用的，11.27%的被调研者认为脱贫攻坚对农村脱贫是有作用的。这也是我们努力追求的结果。当然，也有2.37%的人认为作用不大。总体上看，脱贫攻坚战略深得民心，取得的成绩获得了人民群众的高度认可。

表5-5　脱贫攻坚对农村脱贫的效果评价调研

效果评价	人数/个	占比/%	有效占比/%	累积占比/%
很有用	659	86.36	86.36	86.36
有作用	86	11.27	11.27	97.63
作用不大	18	2.37	2.37	100.000

（3）对脱贫攻坚工作的满意度

从对现阶段脱贫攻坚工作的满意度的调研结果发现（见表5-6），98%以上的被调查者对现阶段脱贫攻坚工作是比较认同的，足以证明大多数人在脱贫攻坚过程中受益，扶贫工作者的努力得到了认可，也取得了一定成效。但有1.573%的被调查者不满意，说明我们的工作还有需要改善的地方，需要我们投入更多的人力、物力、财力、心力、情怀去干这项伟大的事业。

表5-6　现阶段脱贫攻坚工作的满意度调研结果

满意度	人数/个	占比/%	有效占比/%	累积占比/%
满意	346	45.347	45.347	45.347
比较满意	357	46.789	46.789	92.136
一般	48	6.291	6.291	98.427
不满意	12	1.573	1.573	100.000

（4）脱贫攻坚后改善的方面

从脱贫攻坚后改善的方面的调研结果来看（见图5-1），改善最多的是交通建设，其次是村产品销售渠道和卫生环境，再次是求职技能和思维观念，最后才是孩子教育、住房条件和家用电器。在调研中发现，云南、四川、重庆、贵州四个省（市）多数地方贫困的主要原因在很大程度上是因为交通不便导致农村居民很难将乡村产品或服务向外输出以获取外部资源（包括资金、信息、技术等），外部资源也很难主动向乡村输入，以致于农村居民收入偏低、乡村发展受到阻碍，当然农村产品销售渠道也没有打通。对于这些明显能看得到的问题，也是改善得最快、最有效的地方；对于一些软问题，比如思想、技术技能、教育等，需要更长时间的磨合与探索。当然，从目前调研结果来看，已经在逐步改善的路上了。

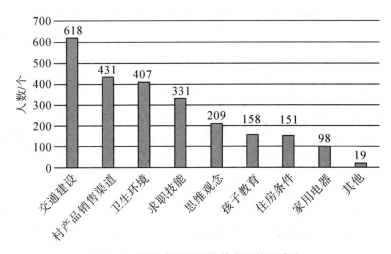

图 5-1　脱贫攻坚后改善的方面结果统计

（5）对村干部集体工作的满意程度

从调研结果来看，95%以上的被调查者对村干部集体工作情况是相对认可的，足以证明村干部在脱贫攻坚与乡村发展这项工程上是非常上心的，工作成效还是相对显著的。从另一个角度而言，大家对村干部集体的工作是关注的，是充满期待的，说明村干部集体在脱贫攻坚与乡村振兴中具有重要作用。但依然有2.23%的被调查者对村干部集体工作情况不满意，说明村干部集体的群众基础还需进一步打牢，工作方式方法还需改进，工作内容的深度和广度还需进一步加深。具体满意程度分布情况如图5-2所示。

（6）目前脱贫攻坚工作存在的问题

脱贫攻坚进行到最后一里路，就调研结果来看，大多数的被调查者认为目前还存在的最大问题是产业项目增收效益不明显，其次是乡村人才留住度还不够，最后是部分基础设施还未完成，这些都是实现乡村振兴亟待解决的重要课题。在脱贫攻坚过程中，乡村发展得到了政府、企业等及其相关组织的大量资金支持，扶贫工作队与村干部集体对政策的宣导和解读基本到位。当然，要全面巩固脱贫攻坚的成果，实现乡村振兴，还需鼓励群众更积极的参与，提升相关政策的解读度与运用效果，在得到各个部门的大力支持的基础上全面提升自我生产发展能力和市场竞争力。具体存在的问题分布情况如图 5-3 所示。

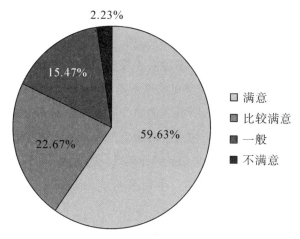

图 5-2　对村干部集体工作的满意程度分布

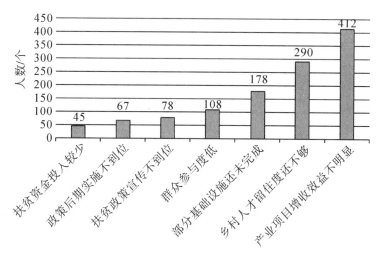

图 5-3　目前脱贫攻坚工作存在的问题分布

（7）当前乡村产业发展面临的困境

从调研结果来看，在脱贫攻坚取得决胜后，要实现从乡村产业发展走向产业振兴，最大的困境就是缺乏技术和人员参与度不高，其次是缺乏销路和产业同质化严重，最后是缺乏管理人才。在乡村振兴战略实施过程中，产业振兴将为乡村振兴的实现奠定坚实的物质基础，其能够为乡村居民提供更多的就业机会并帮助农民拓宽增收渠道[1]。当然，产业发展与振兴必须要有技术技能和管理人才的支撑。人才振兴是乡村振兴的关键所在，也是农业现代化的核心要素。实现农业高度现代化，全面推动乡村振兴战略实施，培养和打造一支素质高、技术技能强的乡村人才队伍是必然选择，其能够真正解决乡村发展与振兴缺乏劳动力、缺少专业人才、留不住人才等相关问题，能够凝聚乡村发展人气、活力与动力[2]。乡村振兴战略的实施不是一个人的事，也不只是一个团队的事情，而是乡村相关利益者所有人的事，需要社会各界、各部门、农村干部、农村居民等所有人的齐心协力。对于土地流转，其是一个思想转变的过程，需要逐步改变农村居民的思想和劳作模式，提高他们的生产发展力和市场竞争力，合理平衡成本与效益。当前乡村产业发展的困境调查结果如表5-7所示。

表5-7 当前乡村产业发展困境

发展困境	人数/个	占比/%
缺乏技术	337	44.168
人员参与度不高	271	35.518
缺乏销路	203	26.606
产业同质化严重	197	25.819
缺乏管理人才	108	14.155
流转土地不顺利	78	10.223
价格比市场贵	41	5.374
合作社运行成本高	12	1.573

（8）乡村振兴主要依靠因素

从乡村振兴主要依靠因素的调研结果来看，大多数被调查者认为，除了在国家政策的正确引导和政府项目资金支持下，还是要多靠村民和政府集体努力

---

① 资料来源：韩俊，《谱写新时代农业农村现代化新篇章》，https://www.htu.edu.cn/sannong/2018/1108/c5477a132262/page.htm.

② 资料来源：何忠国，以乡村人才振兴推进农业农村现代化，https://www.ccps.gov.cn/dxsy/201812/t20181212_124853.shtml.

及村民自身努力，积极努力吸取专业人才的指导，提升自我职业技能。乡村振兴主要依靠因素的调研结果如表5-8所示。

表5-8　乡村振兴主要依靠因素

依靠因素	人数/个	占比/%
村民自身努力	341	44.692
村民和政府集体努力	456	59.764
政府项目资金支持	201	26.343
靠招商引资	56	7.339
国家政策的正确引导	578	75.754
职业技能提升	319	41.809
专业人才的指导	204	26.737

（9）职业教育在精准扶贫与乡村振兴有效衔接中的作用

职业教育是为相关人员从事某种生产或工作所需知识、技能等而实施的教育，其主要是为了培养高素质技术技能人才（张凌雯，2018）。在精准扶贫与乡村振兴有效衔接中，大约96%的被调研者都对职业教育的作用表示认可。职业教育为精准扶贫与乡村振兴有效衔接提供人才及其技术技能的输出、产业发展的指导、文化建设的力量支持。同时农村教育是职业教育的重要部分，加强农村教育，有助于解决农村教育资源缺乏问题（蔡树之，2018），促进乡村文化发展与传承，帮助农村孩子健康快乐成长，营造乡村和谐美好氛围。有4.194%的被调查者认为职业教育在精准扶贫与乡村振兴有效衔接中的作用不明显，从某种程度来看，可能是职业教育参与乡村建设与发展的深度与广度还不够，具体调研结果如图5-4所示。

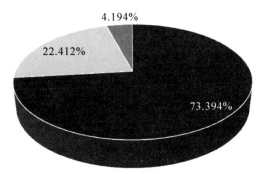

图5-4　职业教育在精准扶贫与乡村振兴有效衔接中的作用

（10）精准扶贫与乡村振兴有效衔接面临的挑战

在对"精准扶贫与乡村振兴有效衔接面临的挑战"调研后发现，精准扶贫与乡村振兴有效衔接面临的最大挑战是农村产业现代化不足，其次是"三农"的可持续发展能力有待提高、干部与村民的自我发展能力和市场适应能力还不够强，最后是年轻人传承乡村优秀传统文化的意识不够强烈。尽管精准扶贫让农村都脱离了绝对的贫困，但是随着新型工业化、城镇化、信息化与现代化的不断推进，城乡融合发展不断深化，乡村居民逐步大规模涌向城市，尤其是青年，同时国内国际两个市场两种资源的整合与冲击带来的不仅仅是机遇更是巨大的挑战，还有人们生活水平与购买力的提高，食物消费结构也在不断加快升级①，农产品阶段性供过于求和供给不足的问题同时存在……面对新形势，如何促进农村产业现代化体系构建、"三农"内生动力与市场竞争力可持续发展，如何提高乡村居民持续增收能力、资金投入与运用的有效性，如何完善农民参与乡村产业利益分配机制，如何实现从解决绝对脱贫到解决相对脱贫、从乡村发展到乡村振兴，这些都是实现乡村振兴必须要解决的问题。乡村振兴，必须将自上向下推动和乡村内生发展有机结合起来，只有农业、农村与农民的生产发展能力和市场竞争力提升了，可持续发展能力提升了，乡村发展才有可能可持续，农民才能从被扶贫走向致富，乡村才能从乡村发展走向振兴。当然，乡村文化是乡村振兴的灵魂，也是我国传统文化的根基。如何在新时代新时期新要求下，在保护与传承优秀传统文化的基础上让优秀乡村文化创造性转化、创新性发展，不断焕发乡风文明新气象，深挖与实现乡村文明的新价值（黎玉明，2019），更好满足乡村居民对精神营养汲取与文化修养的塑造等更多的精神需求，是乡村文化扶贫向乡村文化振兴衔接的重要课题之一。关于精准扶贫与乡村振兴有效衔接面临的挑战的调查结果如图 5-5 所示。

（11）脱贫之后实现乡村振兴需要给予的支持

2020 年，脱贫攻坚取得巨大成效，云南、四川、重庆、贵州的贫困乡村交通建设、观念、农产品销售渠道、社会保障、卫生环境等得到了很大的改善，但如何巩固拓展脱贫攻坚的成果、提升脱贫攻坚的成果效益化与持续性，是推动与实现精准扶贫与乡村振兴有效衔接要优先解决的问题。要从扶贫走向

---

① 资料来源：李国祥，如何理解乡村振兴战略的"五个振兴"，http：// www.qstheory.cn/ zhuanqu/bkjx/2019-08/13/c_ 1124870140.htm.

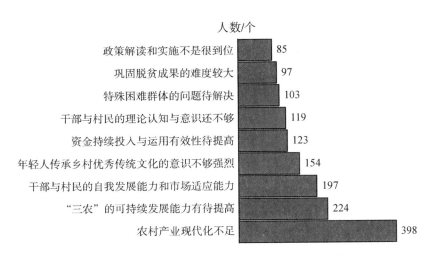

图 5-5　精准扶贫与乡村振兴有效衔接面临的挑战

振兴，不仅需要农村居民自身的努力，还需要社会各界、各部门给予更多的支持。从调查结果来看，乡村振兴的实现最需要的依次是教育改善、产品销售、社会保障、金融支持与资金扶持。当然，在就业扶贫的基础上，农村居民的就业可持续发展能力还需要提升，即还需要更多的职业技术技能培训、产业发展指导、就业指导等。具体调研结果如表 5-9 所示。

表 5-9　脱贫之后实现乡村振兴需要给予的支持

支持选项	人数/个	占比/%
教育改善	411	53.866
产品销售	391	51.245
社会保障	332	43.512
金融支持	190	24.902
资金扶持	189	24.771
求职技能	109	14.286
观念转变	56	7.339
交通建设	37	4.849

5.2.2　调研背景变量影响的差异分析

从对各变量的描述性统计分析结果可知，不同的变量结果表现出了一定的差异性，同时本书也对不同背景因素下的差异性进行了分析。本书主要采用独立样本 T 检验和单因素方差分析法对背景因素中性别、年龄、文化程度等在不同变量上的差异性进行了分析，并根据检验结果的 T、P 或者 F、P 值判定是否存在显著性差异。

（1）不同性别在各因素结果上的差异性分析

从不同性别在各因素结果上的差异性分析检验结果可知（见表5-10），其男女性别在政策制度、衔接程度结果上存在显著性差异（$p<0.05$）。具体来看，女性在政策制度和衔接程度的认知结果上明显高于男性，说明女性关注的程度是优于男性的，对于农村多数地区而言，女性参与的农村活动频率是高于男性的，故在政策制度和衔接程度的感知结果上是较高的。

表5-10　不同性别在各因素结果上的差异性分析

因素	性别		T	P
	男	女		
人力资本	3.904±0.541	3.837±0.587	1.506	0.122
资金资源	3.619±0.839	3.711±0.949	−1.304	0.175
政策制度	3.243±0.979	3.552±1.006	−4.020	0.000
乡村文化	3.62±0.839	3.686±0.907	−0.977	0.316
衔接程度	3.26±0.903	3.446±1.047	−2.417	0.011

（2）不同年龄在各因素结果上的差异性分析

从不同年龄在各因素结果上的差异性分析检验结果可知（见表5-11），不同年龄在各因素结果上的差异性不显著，说明人们对精准扶贫和乡村振兴有效衔接的影响因素的认知是一致的。

表5-11　不同年龄在各因素结果上的差异性分析

因素	年龄				F	P
	18岁及以下	19~35岁	36~50岁	50岁以上		
人力资本	3.787±0.641	3.958±0.56	3.826±0.584	3.855±0.568	1.212	0.304
资金资源	3.69±0.861	3.727±0.987	3.617±1.125	3.688±0.842	0.302	0.824
政策制度	3.639±1.053	3.424±0.998	3.491±1.157	3.432±0.965	0.509	0.676
乡村文化	3.677±0.824	3.66±0.826	3.561±1.085	3.691±0.84	0.761	0.516
衔接程度	3.335±1.002	3.351±0.986	3.405±1.144	3.388±0.972	0.077	0.972

（3）不同文化程度在各因素结果上的差异性分析

从不同文化程度在各因素结果上的差异性分析检验结果可知（见表5-12），不同文化程度的人在人力资本、衔接程度的因素的认知上，其重要程度感知是存在差异性的（$p<0.001$）。具体来看，本科及以上的学历在人力资本、衔接程度的因素认知程度上均高于其他学历段，说明学历越高的人员认为人力资本、衔接程度影响精准扶贫和乡村振兴有效衔接的程度较高，并和其他文化程度存在显著性的高低差异性。

表5-12　不同文化程度在各因素结果上的差异性分析

因素	文化程度				F	P
	初中及以下	高中或职高	大专	本科及以上		
人力资本	3.241±0.567	3.781±0.595	3.923±0.502	3.930±0.680	3.683	0.007
资金资源	3.672±0.937	3.684±0.900	3.661±0.838	3.811±0.766	0.274	0.844
政策制度	3.449±1.027	3.478±0.963	3.477±0.888	3.297±1.096	0.334	0.801
乡村文化	3.634±0.928	3.780±0.789	3.565±0.648	3.822±0.920	1.672	0.172
衔接程度	3.190±1.004	3.406±0.962	3.255±1.065	3.443±1.096	4.411	0.001

（4）是否为村干部在各因素结果上的差异性分析

从是否为村干部在各因素结果上的差异性分析检验结果可知（见表5-13），其是否为村干部在人力资本、政策制度结果上存在显著性差异性（$p<0.05$）。具体来看，村干部在人力资本、政策制度的重要程度认知结果上均高于一般村民。说明村干部关注的程度是高于一般群众的，对于农村多数地区而言，村干部在进行资源调动和政策宣导时，需要考虑一般农户的人口情况，方便进行对应的扶贫方案和策略。对于多数农村地区而言，由于年轻人多数在外打工，导致人口结构分配不合理，其人力资本较差。

表5-13　是否为村干部在各因素结果上的差异性分析

纬度	是否为村干部		T	P
	是	否		
人力资本	3.901±0.525	3.769±0.581	−2.227	0.044
资金资源	3.626±0.907	3.677±0.916	0.237	0.813

表5-13（续）

纬度	是否为村干部		T	P
	是	否		
政策制度	3.699±0.929	3.411±1.020	-2.599	0.009
乡村文化	3.744±0.892	3.651±0.884	1.022	0.308
衔接程度	3.355±0.930	3.390±1.018	-0.357	0.721

（5）平时主要工作的不同在各因素结果上的差异性分析

从平时主要工作的不同在各因素结果上的差异性分析检验结果可知（见表5-14），平时主要工作的不同在因素结果上的差异性不显著，说明人们对于精准扶贫和乡村振兴有效衔接的影响因素在认知上是一致的。

表5-14 平时主要工作的不同在各因素结果上的差异性分析

纬度	平时主要工作				F	P
	在家自己种地	在合作社打工	在外面打工	其他		
人力资本	3.841±0.567	3.881±0.595	3.923±0.502	3.93±0.68	0.912	0.435
资金资源	3.672±0.937	3.684±0.9	3.661±0.838	3.811±0.766	0.486	0.692
政策制度	3.449±1.027	3.478±0.963	3.477±0.888	3.297±1.096	0.482	0.695
乡村文化	3.634±0.928	3.78±0.789	3.565±0.648	3.822±0.92	0.513	0.673
衔接程度	3.39±1.004	3.406±0.962	3.255±1.065	3.443±1.096	0.633	0.594

5.2.3 问卷信度与效度分析

5.2.3.1 问卷信度检验

本阶段，本书利用克隆巴赫 Alpha 值与校正后的项数合计相关性（CITC）来对问卷各项指标进行信度检验分析。通常情况下，我们认为克隆巴赫 Alpha 值大于等于0.6时说明各项指标设计是可接受的（Wortzel，1979），大于等于0.7则表示该问卷各项指标信度良好（Fornell et al.，1981；Nunnally et al.，1994）。而对于校正的项总计相关性（CITC），大部分学者认为其大于0.3就可以说明问卷指标的设计是可以接受的。

就正式量表的信度检验结果来看，本书首先对整体量表信度进行了验证，其信度结果如表5-15所示。整体来看，正式样本量的信度结果为0.882，明显大于 0.7 的阈值标准，说明整体而言，本书的问卷量表的信度检验通过。

表 5-15　可靠性统计

克隆巴赫 Alpha	基于标准化项的克隆巴赫 Alpha	项数
0.886	0.882	25

接下来对人力资本、资金资源、政策制度、乡村文化、衔接程度 5 个维度的信度进行检验，同时对其组成题项也进行了测验。最终人力资本、资金资源、政策制度、乡村文化、衔接程度 5 个维度的信度结果值分别为 0.717、0.823、0.797、0.815、0.790，说明 5 个维度的信度检验是通过的。其中，各个题项的信度检验结果见表 5-16，其 CITC 系数均大于 0.3，说明题项的信度检验是可以接受的。

表 5-16　题项与各维度信度检验

维度	题项	均值	标准差	CITC	删除项后的克隆巴赫 Alpha 值	
人力资本	A1	3.975	0.771	0.403	0.713	
	A2	3.855	0.850	0.453	0.708	
	A3	3.813	0.895	0.467	0.703	0.717
	A4	3.817	0.870	0.465	0.704	
	A5	3.837	0.868	0.477	0.702	
资金资源	B1	3.772	1.191	0.615	0.789	
	B2	3.654	1.193	0.620	0.787	
	B3	3.623	1.214	0.639	0.782	0.823
	B4	3.655	1.194	0.581	0.798	
	B5	3.697	1.180	0.627	0.785	
政策制度	C1	3.564	1.360	0.580	0.758	
	C2	3.450	1.384	0.590	0.755	
	C3	3.388	1.350	0.572	0.760	0.797
	C4	3.405	1.321	0.617	0.747	
	C5	3.442	1.362	0.533	0.773	

表5-16(续)

维度	题项	均值	标准差	CITC	删除项后的克隆 巴赫 Alpha 值	
乡村文化	D1	3.830	1.143	0.580	0.758	0.815
	D2	3.562	1.165	0.590	0.755	
	D3	3.636	1.195	0.572	0.760	
	D4	3.644	1.146	0.617	0.747	
	D5	3.650	1.188	0.533	0.773	
衔接程度	E1	3.452	1.399	0.584	0.745	0.790
	E2	3.364	1.323	0.552	0.755	
	E3	3.354	1.351	0.561	0.753	
	E4	3.345	1.368	0.570	0.750	
	E5	3.408	1.374	0.571	0.750	

5.2.3.2 探索性因子分析

本书利用探索性因子分析方法对量表结构进行了效度分析，即通过数据分析结果所得到的因子载荷值分布来判断变量结构效度的优劣。结合专家级学者论点，主要考量指标有 KMO（Kaisex-Meyer-Olkin）测度与 Bartlett 球体检验，一般选择 KMO 阀值标准在 0.7 以上、Bartlett 球体检验值显著性水平 p 值小于 0.05 是较为合适的。最终按照特征值大于 1、累计解释方差比率最低大于 50% 的原则进行拟合和抽取因子。

首先，根据表 5-17 可知，正式问卷数据的 KMO 值为 0.910，球形检验结果对应 p 值为 0.000，明显小于 0.001，说明利用探索性因子分析方法对本问卷调查数据进行分析是适当的。

表 5-17　KMO 和巴特利特检验

KMO		0.910
巴特利特球形度检验	近似卡方	6 277.428
	自由度	300
	显著性	0.000

其次，根据表 5-18 可知，提取出 5 个特征值均大于 1 的公因子，其累计解释方差比大于 50%，说明提取 5 个因子是合理的。

表 5-18　总方差解释

成分	初始特征值			提取载荷平方和			旋转载荷平方和		
	总计	解释方差比/%	累积解释方差比/%	总计	解释方差比/%	累积解释方差比/%	总计	解释方差比/%	累积解释方差比/%
1	7.032	28.128	28.128	7.032	28.128	28.128	3.059	12.236	12.236
2	2.129	8.516	36.644	2.129	8.516	36.644	2.926	11.704	23.940
3	1.710	6.839	43.483	1.710	6.839	43.483	2.871	11.485	35.425
4	1.619	6.475	49.958	1.619	6.475	49.958	2.857	11.428	46.853
5	1.479	5.916	55.874	1.479	5.916	55.874	2.255	9.020	55.874
6	0.778	3.112	58.986	—	—	—	—	—	—
7	0.764	3.054	62.040	—	—	—	—	—	—
8	0.727	2.906	64.946	—	—	—	—	—	—
9	0.710	2.841	67.787	—	—	—	—	—	—
10	0.693	2.773	70.561	—	—	—	—	—	—
11	0.640	2.559	73.120	—	—	—	—	—	—
12	0.608	2.432	75.552	—	—	—	—	—	—
13	0.585	2.342	77.894	—	—	—	—	—	—
14	0.563	2.252	80.146	—	—	—	—	—	—
15	0.534	2.138	82.283	—	—	—	—	—	—
16	0.529	2.116	84.400	—	—	—	—	—	—
17	0.503	2.013	86.413	—	—	—	—	—	—
18	0.502	2.007	88.419	—	—	—	—	—	—
19	0.480	1.921	90.340	—	—	—	—	—	—
20	0.436	1.744	92.084	—	—	—	—	—	—
21	0.430	1.718	93.803	—	—	—	—	—	—
22	0.420	1.681	95.484	—	—	—	—	—	—
23	0.405	1.621	97.105	—	—	—	—	—	—
24	0.368	1.471	98.576	—	—	—	—	—	—
25	0.356	1.424	100.000	—	—	—	—	—	—

最后，根据各题项组成的因子结果来看（见表 5-19），完全符合本次研究预定因子结果，符合所设定的 5 个因素组成，表明其结果符合预期，也表明其数据结果具有较好的结构效度。

表 5-19　旋转后的成分矩阵

题项	因子 1	因子 2	因子 3	因子 4	因子 5
A1	0.278	0.282	0.575	0.264	0.061
A2	0.109	0.107	0.719	0.165	0.006
A3	0.121	0.084	0.724	0.129	0.025
A4	0.122	0.153	0.773	0.052	0.043
A5	0.103	0.08	0.659	0.201	0.052
B1	0.619	0.236	0.284	0.271	0.071
B2	0.758	0.132	0.158	0.042	0.014
B3	0.749	0.157	0.074	0.163	0.046
B4	0.684	0.126	0.119	0.195	0.015
B5	0.757	0.117	0.104	0.102	0.072
C1	0.25	0.225	0.164	0.234	0.527
C2	0.046	−0.002	−0.061	0.079	0.683
C3	−0.031	0	0.084	−0.017	0.697
C4	0.055	0.022	0.026	0.033	0.684
C5	−0.013	0.042	0.015	−0.056	0.717
D1	0.261	0.553	0.277	0.289	0.082
D2	0.169	0.712	0.163	0.13	0.033
D3	0.113	0.758	0.111	0.112	0.013
D4	0.165	0.749	0.044	0.143	0.064
D5	0.095	0.755	0.127	0.082	0.033
E1	0.294	0.172	0.283	0.6	0.057
E2	0.033	0.173	0.203	0.681	0.032
E3	0.189	0.132	0.13	0.673	0.019
E4	0.132	0.145	0.112	0.709	0.025
E5	0.119	0.046	0.09	0.751	0.044

5.2.3.3 验证性因子分析

对确定后的外部环境量表进行验证性因子分析时，本书采用 AMOS24.0 软件进行了模型验证。为保证量表效度结果，研究采用了模型评估法来验证其模型的适配度，主要选择了 X^2/df、GFI、NFI、CFI、IFI、RMSEA 这 6 个指标来评估其模型结果。

首先，在 AMOS 软件中构建出本次所运行的模型结果，主要对模型拟合结果进行整理，如表5-20所示。从结果来看，本次模型的拟合结果值均满足判断标准，说明其模型拟合结果较好。

表 5-20　模型拟合对比

参考指标	判定标准	结果值	判断结果
X^2	——	752.404	——
df	——	265	——
X^2/df	<3.00	2.839	较好
GFI	>0.90	0.926	较好
NFI	>0.90	0.902	较好
CFI	>0.90	0.919	较好
IFI	>0.90	0.92	较好
RMSEA	<0.08	0.049	较好

其次，根据验验证性因子分析结果（见表5-21），人力资本、资金资源、政策制度、乡村文化、衔接程度 5 个因素的 AVE 值分别为 0.523、0.541、0.503、0.557、0.561，均大于 0.5 的要求。同时对应 CR 均大于 0.8；每个因素对应每个题项在其相应潜变量上的标准化回归系数大多都在 0.5 以上，且这些标准化估计均在 $p<0.01$ 的条件下统计显著，表明划分 5 个因素是合理的，且 5 个因素之间具有较好的收敛效度。

表 5-21　验证性因子分析结果表

因素	题项	载荷系数	S. E.	C. R.	P	CR	AVE
人力资本	A1	0.728	—	—	—	0.877	0.523
	A2	0.658	0.057	16.085	＊＊＊		
	A3	0.639	0.056	15.660	＊＊＊		
	A4	0.680	0.055	16.564	＊＊＊		
	A5	0.602	0.056	14.803	＊＊＊		
资金资源	B1	0.740				0.876	0.541
	B2	0.681	0.054	17.234	＊＊＊		
	B3	0.704	0.055	17.777	＊＊＊		
	B4	0.652	0.054	16.519	＊＊＊		
	B5	0.687	0.053	17.369	＊＊＊		
政策制度	C1	0.550				0.811	0.503
	C2	0.551	0.110	9.997	＊＊＊		
	C3	0.567	0.118	10.150	＊＊＊		
	C4	0.571	0.115	10.188	＊＊＊		
	C5	0.572	0.115	10.200	＊＊＊		
乡村文化	D1	0.687				0.891	0.557
	D2	0.695	0.063	16.297	＊＊＊		
	D3	0.682	0.065	16.039	＊＊＊		
	D4	0.686	0.062	16.121	＊＊＊		
	D5	0.669	0.064	15.793	＊＊＊		
衔接程度	E1	0.727				0.883	0.561
	E2	0.627	0.053	15.262	＊＊＊		
	E3	0.643	0.055	15.632	＊＊＊		
	E4	0.641	0.055	15.581	＊＊＊		
	E5	0.625	0.055	15.222	＊＊＊		

注：＊＊＊表示显著性 $p<0.01$。

5.2.4 精准扶贫与乡村振兴有效衔接影响因素的效应检验

5.2.4.1 初始模型构建

为了进一步检验人力资本、资金资源、政策制度、乡村文化对衔接程度的作用机制，本书通过使用结构方程模型对其做了进一步分析。根据本书设计的理论模型，采用 AMOS 统计软件，构建了人力资本、资金资源、政策制度、乡村文化、衔接程度初始结构方程模型（如图 5-6 所示），以验证人力资本、资金资源、政策制度、乡村文化对衔接程度的影响效应结果。

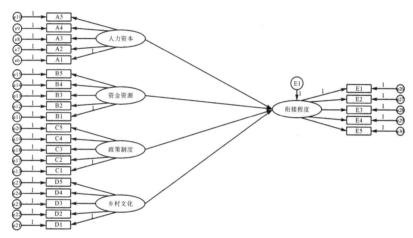

图 5-6　初始结构方程模型

根据统计学原理，在建立模型之初，主要查看模型拟合指标的适配性，并检查路径系数的显著性。由本书初始模型拟合结果可以看出（见表 5-22），X^2/df 值为 4.541，其他拟合指标 GFI 为 0.872，RMSEA 为 0.068，NFI 为 0.806，IFI 为 0.842，CFI 为 0.941，都不满足较好模型的拟合指标要求。由此可以认为，本书初始模型拟合指标结果一般，可能需要对模型进行二次修订。同时根据路径系数拟合结果来看，由不同路径系数上对应 P 值结果可知，本书的路径系数均表现出较好的显著性，因而可以对初始模型做局部修订，保证模型的适配度更好。

表 5-22　初始模型路径拟合结果

路径			标准化路径系数	S. E.	C. R.	P
衔接程度	←	人力资本	0.395	0.048	8.416	＊＊＊
衔接程度	←	资金资源	0.335	0.05	7.556	＊＊＊
衔接程度	←	政策制度	0.217	0.067	4.881	＊＊＊
衔接程度	←	乡村文化	0.252	0.055	5.812	＊＊＊

注：＊＊＊表示显著性 $p<0.001$；$X^2=1\,235.269$、df＝272、GFI＝0.872、RMSEA＝0.068、NFI＝0.806、IFI＝0.842、CFI＝0.841。

5.2.4.2　修订模型确定

结合数据分析实际和统计学原理，本书根据修正指数 M. I.（Modification Indices）指标对模型进行了二次修订，其修订的原理为降低两两指标的 M. I. 系数值，并保证了原有模型的关联关系。最终模型修订结果如图 5-7 所示。

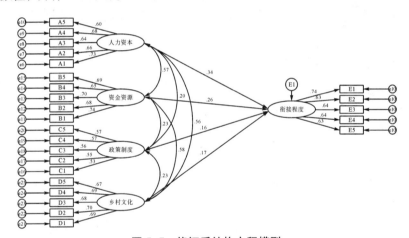

图 5-7　修订后结构方程模型

在等到较好的模型拟合结果后，本书对模型结果进行了整理，最终拟合指标结果如表 5-23 所示，其中 $X^2/\mathrm{df}=2.863$、GFI＝0.926、RMSEA＝0.049、NFI＝0.880、IFI＝0.919、CFI＝0.918。表明修订后模型的拟合指标发生了明显改变，最终模型表现出较好的拟合度。由作用路径系数进一步分析可知，本次研究新设定的路径系数均显著。根据路径影响作用分析来看，人力资本、资金资源、政策制度、乡村文化对衔接程度的标准化路径系数分别为 0.342、0.260、0.155、0.171，且研究认为从衔接程度的影响大小来看，人力资本是影响衔接程度最大的因素，其次为资金资源，再次为乡村文化，最后是政策制度。

表 5-23　修订后模型路径拟合结果

路径			标准化路径系数	S. E.	C. R.	p
衔接程度	←	人力资本	0.342	0.058	6.230	＊＊＊
衔接程度	←	资金资源	0.260	0.063	4.848	＊＊＊
衔接程度	←	政策制度	0.155	0.079	3.091	0.010
衔接程度	←	乡村文化	0.171	0.070	3.246	0.001

注：＊＊＊表示显著性 p<0.001；$X^2 = 761.659$、df = 266、GFI = 0.926、RMSEA = 0.049、NFI = 0.880、IFI = 0.919、CFI = 0.918。

5.2.5　精准扶贫与乡村振兴有效衔接影响因素的调研结果

通过访谈与问卷相结合的调研方式，本书选择云南、四川、重庆、贵州 4 个省（市）地区的相关贫困村镇对精准扶贫与乡村振兴情况及其衔接情况进行了调查研究。在针对不同人员背景的认知差异分析基础上，我们对"精准扶贫与乡村振兴的了解情况"进行了描述性分析，进一步掌握了云南、四川、重庆、贵州 4 个省（市）地区对精准扶贫和乡村振兴相关政策的了解程度、脱贫攻坚的改善、相关工作的满意度及脱贫攻坚存在的问题、乡村振兴面临的挑战等各方面的认知。同时，在问卷信度和效度分析的基础上对"精准扶贫与乡村振兴有效衔接的影响因素"（主要包括人力资本、资金资源、政策制度、乡村文化、衔接程度）进行了效应检验。本书得出以下调研结论：

（1）在脱贫攻坚的决胜阶段，精准扶贫与乡村振兴的相关政策制度解读与落实比较有效，脱贫攻坚对农村脱贫有巨大的促进作用，尤其是交通建设、农产品销售渠道、卫生环境、求职技能等得到了较大的改善，相关组织及村干部的脱贫攻坚工作也得到了认可。

（2）立足于乡村振兴战略目标，脱贫攻坚工作依然存在一些问题，如产业项目增收效益不明显、乡村人才留住度不够、部分基础设施还未完善等。其中，最大的问题就是产业项目增收效益不明显。产业发展走向产业振兴是乡村振兴的核心，从调研结果看，在脱贫攻坚取得决胜后，要实现乡村产业发展走向产业振兴，技术技能的提升和创新性人才的积极参与是重要基础，农产品绿色供应链的整合与发展是重要手段，区域特色化的产业发展与振兴是产业振兴的核心基础。

（3）从精准扶贫到精准脱贫，从绝对脱贫到相对脱贫，从脱贫攻坚到乡村振兴，不仅要靠招商引资和政府资助，更要靠国家政策的正确引导、村民与社会各界的共同努力、职业技能提升及专业人才的指导。而职业教育正是高素质技术技能人才输出的摇篮，其能为精准扶贫与乡村振兴有效衔接提供专业人才及其技术技能培训、产业发展与振兴的指导、文化建设的力量支持。职业教育对精准扶贫与乡村振兴的深入参与，能进一步促进乡村农业强、农村美、农民富的实现。

（4）在国内外发展新形势下，精准扶贫与乡村振兴有效衔接面临着农村产业现代化不足、"三农"的可持续发展能力有待提高、干部与村民的自我发展能力和市场适应能力还不够强、乡村优秀传统文化发展与传承不够深入等挑战，脱贫之后要实现乡村振兴还需要更多的教育支持、产品销售渠道和力度、社会保障改善、资金支持及职业技术技能培训、产业发展指导、就业指导等。根据路径影响作用分析，人力资本是影响精准扶贫与乡村振兴有效衔接的最大的因素，其次为产业发展资金资源，再次是乡村文化，最后是政策制度。

5.3　职业教育服务精准扶贫与乡村振兴有效衔接存在的问题

由前述分析可知，影响精准扶贫与乡村振兴有效衔接的主要因素包括乡村人力资本、产业发展资金来源、乡村文化以及政府政策制度。在这些因素中，人力资本要素最为关键。可以讲，实施乡村振兴战略，落实"产业兴旺、生态宜居、乡风文明、治理有效、生活富裕"的总要求，关键在人（崔玲爱，2018）。人力资本的问题是产业振兴的关键问题，是精准扶贫与乡村振兴有效衔接的关键影响因素，也是实现乡村振兴的关键所在。中共中央办公厅、国务院办公厅印发《关于加快推进乡村人才振兴的意见》，明确指出，"……坚持把乡村人力资本开发放在首要位置，大力培养本土人才，引导城市人才下乡，推动专业人才服务乡村，吸引各类人才在乡村振兴中建功立业，健全乡村人才工作体制机制，强化人才振兴保障措施，培养造就一支懂农业、爱农村、爱农民的'三农'工作队伍，为全面推进乡村振兴、加快农业农村现代化提供有力人才支撑……"①，也足以证明在调研认知中多次被提到的"培养人才、留住人才、吸引人才"等是与国家战略指导意见高度一致的。而培养人才是教育的基本职能，也是职业教育的根本任务。

2021年中央一号文件强调："支持高校为乡村振兴提供智力服务……面向农民就业创业需求，发展职业技术教育与技能培训，建设一批产教融合基地。开展耕读教育。加快发展面向乡村的网络教育。加大涉农高校、涉农职业院校、涉农学科专业建设力度……"② 这些要求为职业教育服务精准扶贫与乡村振兴有效衔接、加快农业农村现代化、促进乡村振兴的实现指明了方向和路径。因此，在巩固拓展脱贫攻坚成果同乡村振兴有效衔接的起步之年，需奋力发展职业教育，传好乡村振兴"接力棒"。但就目前西南片区，尤其是云南、四川、重庆、贵州四个省（市）地区职业教育的发展情况来看，其要更好地服务于精准扶贫与乡村振兴有效衔接还有一段距离。

5.3.1 职业教育和技能培训基础薄弱，涉农产教融合基地数量不足

5.3.1.1 农村地区职业教育基础较薄弱，涉农专业较少

人才振兴是乡村振兴的重要基石，在调研分析中发现，人力资本是影响精准扶贫与乡村振兴有效衔接最大的因素。人才兴，组织强，产业旺，文化活，农村美，乡村兴。职业教育正是高素质技术技能人才输出的摇篮，其根本任务就是在教书育人的基础上培养德智体美劳全面发展的高素质技术技能人才（方跃平，2019），重要任务是以培训、指导、参与等方式服务社会。但由于长期以来城乡差距大、资源配置不平衡（农村地区获得的资金资源少且获取难度大、师资力量不够且乡村人才更少、教育硬件不够且老旧）、农村地区积极性受挫严重、农村地区教育氛围薄弱，涉农职业教育规模效益与品牌有限且其质量更难保障。农村地区职业教育基础相对城市较薄弱，越是薄弱，农村获得的教育、培训、指导等资源就越少，专业人才的输出就越少，在新型农民培训方面就有些力不从心，那么职业教育服务精准扶贫与乡村振兴有效衔接就显得"有心无力"。

① 资料来源：中共中央办公厅　国务院办公厅印发《关于加快推进乡村人才振兴的意见》，http：//www.gov.cn/zhengce/2021-02/23/content_5588496.htm.

② 资料来源：中共中央国务院《关于全面推进乡村振兴加快农业农村现代化的意见》，http：//www.henan.gov.cn/2021/02-22/2096371.html.

（1）职业教育布局欠合理

根据调研发现，云南、四川、重庆、贵州四个省（市）的高职院校大多数都设立在城市，分布在偏远区域的相对很少。以重庆市为例，根据重庆市教委 2020 年统计的数据，重庆国家示范和国家重点中职共有 48 所。其中万州区有 2 所、涪陵区有 3 所、渝中区有 2 所、大渡口区有 2 所、沙坪坝区有 3 所、九龙坡区有 3 所、南岸区有 2 所、北碚区有 3 所、巴南区有 4 所、江津区有 2 所、永川区有 4 所、垫江区有 2 所，渝北区、江北区、合川区、南川区、大足区、荣昌区、开州区、梁平区、黔江区、巫山县、秀山县等区县各 1 所。从重庆高职区位布局来看，2020 年全市有高等职业院校 42 所。主城片区有 14 所，其中 3 所在渝西片区兼有校区；渝西片区有 21 所，其中 3 所在主城片区兼有校区；渝东北片区有 5 所，渝东南片区有 2 所①（具体数据见表 5-24）。

表 5-24　重庆市高职院校区域分布统计表

片区	学校数量/所	学校名称
主城片区	14+3（兼）	重庆电力高等专科学校、重庆医药高等专科学校、重庆工业职业技术学院、重庆电子工程职业学院、重庆海联职业技术学院、重庆城市管理职业学院、重庆建筑科技职业学院（原重庆房地产职业学院）、重庆青年职业技术学院、重庆建筑工程职业学院、重庆商务职业学院、重庆轻工职业学院、重庆文化艺术职业学院、重庆理工职业学院、重庆工商职业学院、重庆航天职业技术学院（兼）、重庆化工职业学院（兼）、重庆工商职业学院（兼）
渝西片区	21+3（兼）	重庆机电职业技术大学（原重庆机电职业技术学院）、重庆工贸职业技术学院、重庆传媒职业学院、重庆工程职业技术学院、重庆城市职业学院、重庆水利电力职业技术学院、重庆应用技术职业学院、重庆财经职业学院、重庆科创职业学院、重庆电讯职业学院、重庆能源职业学院、重庆交通职业学院、重庆化工职业学院、重庆公共运输职业学院、重庆艺术工程职业学院、重庆电信职业学院、重庆科技职业学院、重庆资源与环境保护职业学院、重庆护理职业学院、重庆智能工程职业学院、重庆健康职业学院、重庆工商职业学院（兼）、重庆化工职业学院（兼）、重庆航天职业技术学院（兼）

---

① 数据来源：本书课题组到重庆市教委调研得到的数据。

表5-24（续）

片区	学校数量/所	学校名称
渝东北片区	5	重庆安全技术职业学院、重庆三峡医药高等专科学校、重庆三峡职业学院、重庆信息技术职业学院、重庆幼儿师范高等专科学校
渝东南片区	2	重庆旅游职业学院、重庆经贸职业学院

从重庆市中高职布局来看，农村地区、偏远地区，职业教育发展相对滞后，从统计情况来看，农村地区、偏远地区一般只有1所职教中心，职业教育供给侧结构不合理，部分地区职业教育发展也刚刚处于起步阶段，其专业设置、师资队伍、技术力量不能满足农村产业化发展需要。可以说，职业教育发展较落后的地区，恰恰也是脱贫工作成效巩固和乡村振兴工作的重点区域。因此，要让职业教育在乡村实现从脱贫到致富、从发展到振兴中充分发挥其服务价值，首先就必须要打破职业教育区域发展不平衡的状况，让职业教育各类资源进行优化配置，均衡享有，信息共享，并优先、重点扶持需要开展与实现乡村振兴地区的职业教育运行与发展（廉僖，2017）。

（2）涉农专业发展资源薄弱

通过查询全国首批197所"双高计划"建设院校名单发现，高水平学校建设单位中，重庆的重庆电子工程职业学院和重庆工业职业技术学院、四川的四川工程职业技术学院、贵州的贵州交通职业技术学院、云南的昆明冶金高等专科学校均为非农院校[①]，且并未设置涉农专业，同时均分布在发展相对好的城区；高水平专业群建设单位中，重庆城市管理职业学院（老年服务与管理）、重庆电力高等专科学校（发电厂及电力系统）、重庆工程职业技术学院（机电一体化技术）、重庆工商职业学院（物联网应用技术）、重庆航天职业技术学院（智能控制技术）、重庆三峡医药高等专科学校（中药学）、重庆医药高等专科学校（药学）、四川成都航空职业技术学院（飞行器制造技术）、四川交通职业技术学院（道路桥梁工程技术）、四川成都纺织高等专科学校（服装设计与工艺）、四川成都职业技术学院（软件技术）、四川建筑职业技术学院（建筑工程技术）、四川邮电职业技术学院（通信技术）、贵州交通职业技

---

① 资料来源：教育部公布"双高计划"学校名单197所高职院校入选，中国网，http://news.china.com.cn/txt/2019-12/18/content_75524474.htm.

术学院（道路桥梁工程技术、汽车运用与维修技术）、贵州轻工职业技术学院（大数据技术与应用）、昆明冶金高等专科学校（有色冶金技术、测绘工程技术）、昆明工业职业技术学院（物流管理）、云南机电职业技术学院（机电一体化技术）的专业群均为非农专业群，仅重庆三峡职业学院（全市唯一涉农高职院校）的"畜牧兽医"、四川成都农业科技职业学院（全省唯一涉农高职院校）的"休闲农业"、贵州铜仁职业技术学院的"畜牧兽医"与农业关联度较高。具体查询结果见表5-25。涉农专业少，向外输出相关人才就少，返乡服务乡村发展与振兴的就更少，即技术技能的缺失和人才的缺少是精准扶贫与乡村振兴有效衔接的关键问题之一。因此，不断加强农村职业院校基础能力建设和发展能力建设，大力支持涉农专业的高水平建设，根据实施乡村振兴战略的需求开设涉农专业，培养一批在乡大学生、乡村治理人才是职业教育发展必要任务。

表 5-25　全国第一批"双高计划"高职院校（2019 年）（摘取云贵川渝）

类别	档次	所在省（市）	学校名称	专业群名称
高水平学校建设单位	B	重庆	重庆电子工程职业学院	物联网应用技术、信息安全与管理
			重庆工业职业技术学院	模具设计与制造、汽车检测与维修技术
	C	四川	四川工程职业技术学院	数控技术、焊接技术与自动化
		贵州	贵州交通职业技术学院	道路桥梁工程技术、汽车运用与维修技术
		云南	昆明冶金高等专科学校	有色冶金技术、测绘工程技术

表5-25（续）

类别	档次	所在省（市）	学校名称	专业群名称
高水平专业群建设单位	A	重庆	重庆城市管理职业学院	老年服务与管理
		四川	成都航空职业技术学院	飞行器制造技术
			四川交通职业技术学院	道路桥梁工程技术
	B	重庆	重庆电力高等专科学校	发电厂及电力系统
			重庆工程职业技术学院	机电一体化技术
			重庆工商职业学院	物联网应用技术
		四川	成都纺织高等专科学校	服装设计与工艺
			成都职业技术学院	软件技术
			四川建筑职业技术学院	建筑工程技术
		贵州	铜仁职业技术学院	畜牧兽医
	C	重庆	重庆航天职业技术学院	智能制造技术
			重庆三峡医药高等专科学校	中药学
			重庆三峡职业学院	畜牧兽医
			重庆医药高等专科学校	药学
		四川	成都农业科技职业学院	休闲农业
			四川邮电职业技术学院	通信技术
		贵州	贵州轻工职业技术学院	大数据技术与应用
		云南	昆明工业职业技术学院	物流管理
			云南机电职业技术学院	机电一体化技术

5.3.1.2 职业培训技能指导对口率不高，其内容较单一

（1）职业培训匹配度不高，缺乏统筹管理机制

在人才培养方面，职业教育对贫困农民进行职业技能培训是一条行之有效的举措（饶丽 等，2018），也取得了比较好的成效，但要让乡村从脱贫走向振兴还存在一定困难。其主要表现在以下几个方面：

第一，培训内容与产业发展不够匹配。以重庆市巫溪县天元乡为例，2018年巫溪县天元乡结合自身实际，确定了"优化产业空间布局、壮大村集体经济、拓宽农特产品销售渠道"的发展思路，以建设特色"一带一路五园六谷"

为发展路径。即"一带"：以山丘地带优势，新发展大黄、前胡、云木香等中药材，在海拔1 400米高山地带相继种植特色中药材3 000亩（1亩≈666.7平方米，下同）；"一路"：从巫溪宝坪至巫溪新田的主公路一条路边，栽种冬桃、百香果、青脆李、大樱桃等特色水果3 000亩，套种蔬菜、杂粮4 000亩，栽种蜜源植物4 000亩，新增中蜂2 000群；"五园"：凭借巫溪天然的自然生态优势，全力打造"新华珍果园""高楼桃李园""茱萸乡愁园""天元仙草园""蜂香天蜜园"五大园区；"六谷"：沿新田、万春、象坪、吉龙、镇江、宝坪六个山谷地带布局中药材、食品加工、畜禽养殖、魔芋种植、食用菌等项目①，其中，重点打造宝坪团堡、香坪、天元冉家坪、吉龙老木园、新田大黄溪、小黄溪等中药材种植基地以及金科·宝坪产业扶贫基地、万春上草坪养殖基地、象坪养殖小区、香源魔芋基地、新田大樱桃种植基地等9个产业扶贫基地，形成"一村一品、一乡多业"的产业格局②。因此对中药材、中蜂、特色水果（冬桃、百香果、青脆李、大樱桃）的集体经济运营、电商平台搭建及产品销售等方面的培训是急需的，职业院校积极对接培训任务，但职业院校培训内容主要集中在中蜂养殖、生猪病害预防、初级会计实务等方面，与天元乡产业发展所需有一定差距③。

第二，就业培训与农村实际不够匹配。当前广大农村青壮年劳动力大都外出务工，剩下的人员仍然是"386199"，也就是妇女、老人和孩子，这些妇女、老人是家庭的主要劳动力（尹象政，2018）。从课题组成员2019年对重庆A区B镇调研的情况来看，留在农村的这些妇女文化程度都很低、学习能力比较差、自主学习意愿低、家务活比较重、习惯从事简单工作、对一些技术性培训心理比较抵触。据调查，一些职业院校曾和当地政府联合举办过技术含量稍微高点的培训班（如养殖、中药材栽培、电焊、电商物流等培训），但主动前来培训的人很少，经常开不起班。据B镇政府工作人员反映，这些妇女宁愿在家里打麻将，也不愿意参加免费培训。政府为了吸引这些农民参加培训，学习期间每天支付50元误工费，少数农民为了挣这50元进行被动学习，学习效果

---

① 资料来源：【新春走基层】聚焦深度贫困乡镇：巫溪天元初春播种忙，http://www.xfjw.net/2019/02/101508.shtml.

② 资料来源：巫溪天元乡发出新的"动员令"全力冲刺脱贫攻坚，http://cq.cqnews.net/cqqx/html/2019-06/26/content_50534101.html.

③ 资料来源：本书课题组到巫溪县天元乡调研得到的数据。

可想而知。然而乡镇干部反映，这些农村妇女对月嫂培训很感兴趣，只要办月嫂培训班，参与的农村妇女很多，培训效果也很好，很多妇女通过月嫂培训找到工作，一个月收入达到6 000元①。这个现象说明开展就业培训要充分考虑当前培训对象的特点、需求和意愿，不能为培训而培训，不能为完成任务而完成任务，而要扎实开展需求调研，因地制宜，因人而异，就业培训工作才能收到良好的效果。

第三，就业培训没有形成长效机制。众所周知，西南省（市）脱贫攻坚任务很重，经过广大干部群众的努力，脱贫攻坚成绩比较突出，但职业教育在劳动者技能培训方面依然还没有真正形成长效机制。首先，职业教育的多头领导对精准扶贫脱贫工作的协同开展造成了一定的影响（王冬梅，2019），比如高职院校属于省级教育主管部门或行业主管部门领导，但在服务地方精准扶贫方面更多的是协作和配合，被动接受任务的多，主动思考精准扶贫的少，在技能培训方面多数是被动接受任务，技能传授比较多，就业考虑比较少。其次，有的职业学院没有充分发挥校企合作的优势，理论讲授比较多，实践操作比较少，没有结合实际进行分层教育、分类教育、产学结合、订单培养等，培训方式比较单一，校企合作共同培养农民的协作机制还没有真正建立起来，在一定程度上出现培训的内容与企业需求不一致，培训任务完成了，但农民就业率提高缓慢。最后，职业学院接受当地乡村劳动力转移力度不足，所提供岗位数量及要求与被帮扶地区留守劳动力无法对接，劳动力接纳能力不足。

（2）技术技能指导性不强，产业融合难以实现

职业院校往往发挥自身专业优势为对口帮扶地区提供职业技能培训与指导，但部分职业院校缺乏相应的涉农师资资源或生产要素资源，或者专业不对口，导致职业院校对被帮扶的乡村技术技能指导性不强，生产要素运用效益不足。这些问题也是影响精准扶贫与乡村振兴有效衔接的重要因素。

第一，技术技能指导缺乏后劲。近些年来，随着生源数量的减少，职业院校面临着非常激烈的市场竞争，一些职业院校为了生存，纷纷取消与涉农有关的专业，转向开设与第二、三产业有关的专业。涉农相关专业招生明显逐渐减少，相关师资力量有的转岗，有的转专业，涉农相关专业的专业规模、招生人数、师资力量与过去相比较大大萎缩。在乡村振兴的大背景下，很多职业院校

---

① 资料来源：本书课题组到重庆市 A 区 B 镇调研得到的数据。

在指导精准扶贫、指导农业产业化建设、参与乡村振兴项目等方面确实心有余而力不足的情况，应该引起地方政府高度重视。以重庆市 A 区为例，A 区现有高职院校 4 所，中职 7 所，成人高等教育机构 1 所。2018 年 A 区职业教育现有专业年招生能力达到 59 000 多人。从表 5-26 可以看出，重庆市 A 区职业教育所招生专业覆盖面很广，2020 年招生最多的是与汽车、建筑、计算机、学前教育、会计财务、电子、机电等相关的专业，其中汽车相关专业招生达到 2 638 人，会计类招生达到 1 971 人，学前教育达到 1 480 人。2020 年 A 区中高职涉农专业人数为 717 人，占当年 A 区中高职在校生人数比例仅为 1.2%。据调查，涉农职业学校近几年招生困难，涉农专业大幅削减，相关教师或流失或转岗，在服务精准扶贫方面后劲不足，能力不足①。

表 5-26　重庆市 A 区职业教育主要专业招生人数和在校人数

专业大类	专业	2020 年招生人数/个	在校人数/个
农业	淡水养殖	0	0
	农业机械使用与维护	54	190
	畜牧兽医	20	82
	园林相关	152	413
	农村经济综合管理	0	32
电子、电器、机电	相关专业	741	1 316
制造	制造相关专业	409	906
化工	化工相关专业	0	0
建筑	建筑相关专业	1 098	2 522
计算机	计算机相关专业	1 904	4 291
汽车	汽车相关专业	2 638	7 485
财经	会计	1 971	6 154
	市场营销	365	1 169
	工商企业管理	357	1 205
	电子商务	629	1 469
物流	物流相关专业	285	619

---

①　资料来源：本书课题组到重庆市 A 区教委调查收集的数据。

表5-26（续）

专业大类	专业	2020年招生人数/个	在校人数/个
旅游	旅游经济与管理	508	1 611
	导游	0	0
教育	学前教育	1 480	2 485

此外，以西南某省级教育主管部门为例，其所管辖范围内高等职业院校总计开设1 227个专业，其中，近几年新开设专业并不多，在8个左右；高等职业教育校龄在10年以上的高职类院校开设的专业数一般在45个左右。根据调研发现，高等职业院校专业大类的在校生数量最多的基本是财经大类、土木建筑、电子信息工程、智能制造、医药卫生类、文化教育类、交通运输类、艺术设计类、旅游管理类、材料工程与能源类等，其中的涉农专业非常少。加之，各种主观或者客观的原因，各职业院校在人才培养方面还存在专业同质化严重（专业特色不明显）、人才培养针对性还有待提升、人才培养的实践性还不够强等问题（周永平 等，2018）。因此，职业院校的发展还不能满足农业发展建设的需要和实施乡村振兴战略的迫切要求。同时，在乡村振兴战略中的新兴农业、乡村文化创意产业、乡村旅游、乡村传统特色等方面的专业支持力度不够且相对滞后，导致技术技能指导上缺乏后劲。

第二，技术技能指导不平衡。在调研中发现，无论是中职还是高职学院，区位布局都存在不平衡的情况，在乡村振兴方面都还存在一定的局限性。诚然，职业院校的布局是多方因素综合的结果，职业教育的发展是建立在一定区域经济基础之上的，因此其产生发展都是应该或者需要与当地的产业结构、技术结构、行业结构和就业结构相匹配和适应的。但是，对于偏远山区而言，其相对落后的经济发展基础、相对单一的经济结构和技术结构难以支撑职业教育向更好的方向去发展（廉僖，2017）。再者，职业教育产生于产业，但也服务于产业，因此其专业设置与人才培养也应该与地方经济发展需求相契合。在调研中发现，在相对落后的地区有少数的涉农职业院校能为当地经济发展提供一些社会服务，但是由于地方政府对职业教育不重视，职业教育发展相对滞后，其师资水平及其技术技能还不足以助力乡村振兴。

第三，技术技能指导不够到位。在国家政策的指导和推动下，西南省市多数职业院校，主动出击，对口帮扶。从统计的数据来看，截至2020年6月，重庆市教委组织帮扶的 32 所高职院校中，19 所高职院校的主要帮扶措施集中在资金帮扶、农产品帮销和走访慰问方面，在很大程度上改善了贫困户的生活条件和生产条件，但专业优势未能得到充分发挥，比如在房屋设计、人居环境改造、技能技术培训、农业科技研发、农村合作社建设、种植养殖等技术技能指导等方面做得还不够，帮扶深度不够[1]。

5.3.1.3　涉农产教融合基地数量相对少，实践效能偏低

产教融合是产业与教育开展深度合作和协同育人的产教协同发展模式，是在深化校企合作的基础上提出的深化职业教育改革的重要举措之一，是各个院校为提高其人才培养质量再反哺地方区域产业发展和经济发展而与行业企业开展的深度合作（荣琦，2019），其是提高行业企业参与办学程度、建立健全多元化办学体制、全面推行校企协同育人的必然选择[2]，也是进一步提升职业教育社会服务能力和效益的重要渠道。2020 年 9 月，农业农村部办公厅和教育部办公厅联合发布《关于开展中国农民丰收节农耕文化教育主题活动的通知》提出"建设一批农耕文化主题教育实践基地和研学基地……结合生产生活实际，紧紧围绕乡村振兴战略，创新社会化服务项目，为学生搭建成长成才、干事创业的平台。鼓励学校利用自身生源特点，积极对接涉农企业、合作社等经营主体"，积极为职业教育建设涉农产教融合基地提供了一个方向。

在政策和事业发展的推动下，西南省市的一些职业院校在建设产教融合基地上投入比较多，为当地乡村发展带来了一定的经济效益。例如：2017 年，云南农业职业技术学院涵盖农林牧渔的现代农业职业教育公共实习实训教学基地成功验收，为云南省中高职农业职业教育、"三农"服务、农技培训等涉农实践教学服务奠定了良好的基础，同时，借助该基地，结合云南特色农业发展，搭建了花庄河实训基地，积极开办园林、园艺、水产、农村能源等农业专业，为当地农业发展提供技术技能培训和指导。2019 年，贵州装备制造职业学院利用专业和技术优势帮助村民搭建电路以外，共投入 120 余万元成立"月亮山生态养殖基地"，建设"校农结合"生态养殖基地，其除了是学校师生实训实习的基地以外，也是当地村民培训与生产经营的基地，其不仅能促进实践

---

① 资料来源：本书课题组到西南某省教育主管部门调研得到的数据。

② 资料来源：国务院办公厅关于深化产教融合的若干意见，http://www.gov.cn/zhengce/content/2017-12/19/content_5248564.htm.

教学，还能带动当地经济收入增长，帮助村民拓宽采购渠道①。2018年，四川艺术职业学院充分发挥了艺术教育的专业优势，组织专业教师在中莫坝村筹建黑陶窑场，其不仅是学校开展实践教学的基地，也是为村民开展陶艺技能培训的场所。借助此平台，四川艺术职业学院对黑陶产品研发与设计、黑陶人才培训与培养进行着重帮扶，助力黑陶品牌打造与产业升级，增强脱贫致富内生动力②。同时，扎实的理论教学与老工匠们精湛实践的"火花碰撞"，能够通过技术改良实现非物质文化遗产——黑陶产业的可持续性发展。2019年，重庆江南职业学校以产教融合基地——重庆东科模具生产车间为平台，借助地方区域特色农业发展，为更好服务于地方乡村经济发展，面向社会开设畜牧兽医专业、农村经济管理专业、园林花艺专业、农业机械制造与设计等涉农专业，不断深化产教融合，从而促进地方经济发展③。2019年，重庆三峡职院与万春村民联合，共建扶贫车间，打造"腊肉新乡村"，在大林村创建稻渔产业"产教融合"基地推动田间扶智，已形成典型案例和特色④。

不可否认，上述基地在当地乡村脱贫攻坚的决胜中起着重要作用，但对西南省（市）而言，这些涉农产教融合基地数量是远远不够的。从上述职业院校搭建的产教融合基地来看，其存在以下几个特征：一是主体是职业院校，企业的身影很少，即企业的角色定位缺失，甚至不存在；二是基地实现的功能范畴多数还是在物质经济帮扶，而培训指导的深度和持续性不够，即基地对当地乡村的帮扶必须从经济量变转向质变；三是基地建设与当地特色结合的还不够深入，涉农经济、涉农文化等都还处于发展中，还需要实现可持续发展，产生可持续效益；四是基地确实发挥了一定的帮扶作用，但是对职业院校事业的作用发挥是不足的，能实际参与的老师和学生人数少、次数少，以致于产教基地的融合不够深入，即专业人才的输出数量及质量不够。因此，本书认为西南省（市）涉农企业参与高职院校产教融合的内驱动力不足，涉农企业"在场"作

① 资料来源：贵州装备制造职业学院用初心和使命描绘"职教精准扶贫"画卷，https：//baijiahao.baidu.com/s？id=1643825859315066933.
② 资料来源："教育—文化—产业"三联扶贫 四川艺术职业学院走出"川艺扶贫"特色之路，https：//e.thecover.cn/shtml/hxdsb/20190721/111280.shtml.
③ 资料来源：助江津花椒香飘全国 促园区产业蓄能升级：重庆市江南职业学校演绎服务地方经济发展"三重奏"，https：//www.cqrb.cn/html/cqrb/2019-11/27/010/content_248057.htm.
④ 资料来源：重庆三峡职业学院以精准扶贫助力乡村振兴，https：//www.cqrb.cn/content/2020-04/17/content_243134.htm.

用缺失，融合深度不足，实训基地综合效能偏低，职业教育服务精准扶贫与乡村振兴有效衔接的实践基础还不够牢靠。

5.3.2 网络教育与文化建设角色缺位，耕读教育的深度与广度不够

5.3.2.1 面向乡村的网络教育较落后，信息资源不足

随着信息技术的发展，信息资源成为经济发展最重要的资源之一。对信息的掌握程度影响着利益相关者的决策与管理行为。在脱贫攻坚过程中，大多数乡村逐步解决了电话或者手机的问题，也连上了网络。很多乡村已经开始进行网络宣传和网络销售，如重庆财经职业学院电子商务专业开展直播，帮助秀山隘口镇农民销售特色绿色农产品，以助提高农产品的宣传力度和销售力度，提高农民收入；电商扶贫的"贵州模式"，"淘宝第一村"——贵阳市息烽县立碑村，在"云"上已建立电商培训、产品开发、平台运营、物流配送等电商全产业链发展体系，让全村人民的收入不断增加；四川是全国 5 个被确定为首批整省推进信息进村入户的示范省之一，德阳市已实现网络全覆盖、服务无盲区、运营可持续，现代信息技术在农村、农业的普遍应用，为农民解决了农村农业劳动生产前、中、后期的各种问题以及日常健康生活与能力提升培训等问题，基本实现了普通农户不出村、新型农业经营主体足不出户即可享受到快捷、方便、经济、高效的信息化、现代化的新生活（陈艺娇，2016）。网络在乡村的覆盖，使村庄不再局限于一村一镇一县，其可以帮助村民由传统知识向现代知识转化，促使村民开拓眼界，更快地获取外部信息并有效利用，也可以让更多的乡村资源进入投资者的视野，进一步促进农村经济的发展。当然，网络在乡村的发展给村民的生活带来了更多娱乐和交流，丰富了乡村文化生活，促进了乡村精神面貌和文化状态的改善，进一步带动乡村活力发展和文化振兴（李静，2019）。

尽管在当前"大智移云"飞速发展的信息化时代，城市网络覆盖面与速度依然是乡村的几十倍，完全能够享受信息及时带来的"福利"，但是对于乡村而言，由于地域、交通、人文、资金等各方面的原因，网络的覆盖也就在脱贫攻坚这几年才开始慢慢普及，但其速度依然不及城市，以致于乡村能获取的信息资源、网络渠道、教育资源、宣传资源等依然都处于劣势。尤其是在当前"大智移云"飞速发展中网络教育方兴未艾的新时代，网络教育是职业教育顺应时代发展的一种教育教学新形式，其打破了时间、空间、差异受众的限制，

整合了各类知识资源、教师资源、平台资源等教育资源，以为不同需求的学者提供学习的机会、学习的空间、学习的平台和自由的学习时间。如：在深化产教融合、拓展社会服务中，四川文化传媒职业学院与四川省有线广播电视网络股份有限公司协力共建"乡村云课堂"、打造乡村好学风，整合相关教育资源，根据当地需求形成较为完整的优质课程体系，组织教学成果线上线下展示展演，为当地开展教师培训、职业培训、艺术科普课程，为当地村民进行"美育教育""教法培训""技术技能培训"网络远程教学，助力扶贫结硕果。

然而，在调研过程中我们发现，在大多数被帮扶村，一方面区县政府部门对农村网络教育重视不够、关注和支持不到位、财力投入不够、经费保障不充分；另一方面农科类大学毕业生大多选择在大中城市就业和创业，返乡就业人才不足，从而导致农村地区高学历人才紧缺，影响了农村网络教育的开展。面向农村地区的网络教育发展较滞后，其主要体现在覆盖面不够、速度较慢、内容不够"农村化"，导致农村的教育资源或者其他信息资源相对薄弱，获取文化知识和提升技术技能的机会和资源较少，让多数农村居民感到"有心无力"。如，在重庆市2019年高校精品在线开放课程评审认定的118门课程中，只有西南大学的"珍奇观赏植物""奥妙植物学""中国文化中的天地观"、重庆城市管理职业学院的"双语茶艺"与"农"有关。如果乡村网络覆盖面扩大，网络速度与城市一体化，教育资源平衡化，网络教育内容更多偏向乡村特色文化、农村产业发展、农业技术技能等，那么农村居民将获得更多的文化知识和外部市场信息并得到技术技能的提升，将有助于农村居民内生动力、生产发展能力和市场竞争力的提升，同时也会吸引更多的农村人才留下来、城市人走进来。

5.3.2.2 职业院校参与乡村文化建设深度不够，耕读教育未有效开展

（1）职业院校参与乡村文化建设角色缺位

在精准扶贫向乡村振兴过程中，乡村文化建设是不可或缺的。对广大贫困农民而言，从脱贫走向致富，从发展走向振兴，既要扶智，更要扶志，当前要大力培养造就新型职业农民，培养一批不等不靠、奋发图强、具有新思想、新观念、有头脑的新型农民是精准扶贫的应有之义。本书认为在帮助农民进行产业结构调整、增收致富的过程中，文化建设也要相应跟进，职业院校具有一定专业优势、人才优势、技术优势和实践优势，可以在乡村文化建设中大有作为，然而，由于各种主客观原因，部分职业教育在乡村文化建设中存在缺位的情况。

第一，精准扶贫过程重物质建设，轻文化建设。以西南某省为例，2017—2020 年，一些职业学院在精准扶贫过程中，重视给予实物帮助和产业资金，与贫困户结对帮扶，每逢重大节假日采取消费扶贫方式购买贫困地区农特产品，促进当地产业发展，应该说对当地农民增收致富起到了非常重要的作用。我们在调研中发现，重庆、贵州、四川、云南一些职业学院近些年大量组织老师学生服务乡村文化，有的组织学生到农村进行"三下乡"活动，通过表演小品、歌舞、三句半等节目，帮扶劳作、关怀聊天、与孩童嬉戏、补课等走进乡村生活，活跃了乡村文化生活，对移风易俗以及培养自强、自立的品质有一定推动作用。有的组织教职工给村集体捐献一些图书资料、日常用品、学习用具等物资，如重庆财经职业学院定期组织下属党支部给永川三教镇星火村捐献部分图书资料，活跃村民业余文化生活；贵阳职业技术学院工会向对口帮扶息烽县九庄镇镇属小学捐赠儿童读物 100 多册，为当地留守儿童送去了关爱；乐山职业技术学院财经管理系彝族青年志愿者团队一起举行爱心募捐活动，为凉山彝族自治州的一所村小青杠小学募捐赠了棉被、衣物、鞋子、图书、笔等爱心物资。

　　诚然，这种帮扶措施是看得见、摸得着的，是能很快出业绩的，但乡村文化建设是一种隐形的东西，它反映的是一种观念、理念、习惯、思维、心理等。物质帮扶能为文化建设奠定坚实基础，但如何从物质升华到精神层面是亟待解决的问题，也是职业教育需要思考自身的定位与功能发挥的关键点。从调查的情况来看，被帮扶地区一些地方农民思想观念保守，"等靠要"思想严重，攀比心理失衡。据重庆市永川区临江镇、秀山县隘口镇干部反映，扶贫期间少数贫困户房子成为危房，他们不是主动去修缮，而是等政府上门帮助。不少农民认为，政府帮助百姓修缮房屋是天经地义的事，自己有困难，政府会全部解决。这种比较严重的等靠要思想，在不同的被帮扶村普遍存在。这就给政府提出了一个尖锐的问题：如果不自力更生，完全依靠政府，这种帮扶是否能持久？说到底，这种现象本身反映了现在乡村社会存在一些保守、懒惰、不思进取的不健康的文化，那又如何实现文化振兴呢？

　　当然，有的组织老师进行乡村文化设计，如重庆城市职业学院组织教师到永川临江镇帮助五保户居住区房子进行文化设计，成为新农村建设的一个亮点，这背后凸显的是永川临江镇敬老爱老的乡村文化，得到了广大村民的好评；云南艺术学院发起成立"乡村实践工作群"，扎根元阳、勐海、丽江等地的十余个云南特色村庄，从历史遗迹、乡土建筑、民族民间文化和手工艺，为乡村文化与艺术的发展绘制出蓝图，为乡村艺术复兴做努力。总的来看，这些文化活动比较零星，活动面不广，活动时间大多集中在暑假、受众面不多、教育意义还不够强，相比较物质建设而言，职业院校在乡村文化建设上力度不够。

第二，职业教育推动乡村文化建设缺乏载体。众所周知，乡村文化的传承与发扬、发展，能在很大程度上丰富乡村居民的精神生活，提升乡村居民的文化素养，提高乡村居民的思想境界，进一步推动乡村文化的稳步发展，促进"农村美"目标的实现。推动乡村文化建设对于实现乡村产业兴旺、生活富裕、乡风文明具有灵魂推动作用（李莉 等，2019）。乡村文化内涵比较丰富，包括乡村物质文化、精神文化、社会组织及制度、语言和符号等（李国江，2019），每一种文化都是通过一定载体呈现出来的，对乡村文化而言，离开了乡村社会组织、离开了产业、离开所从事的职业，乡村文化建设就会显得很虚幻，也缺乏抓手。以重庆为例，在脱贫攻坚期间，一些职业学院在乡村文化建设上做了不少工作，比如重庆财经职业学院、重庆城市职业学院、重庆工业职业学院等分别以不同方式加强乡村文化建设[①]（见表5-27），在某种程度上来看，职业院校活跃了村民业余生活，美化了乡村，规划了美好未来，具有一定的积极意义。

表5-27 重庆部分高职学院组织开展文化活动一览表

单位	开展活动	载体
重庆财经职业学院	组织学生到秀山隘口镇表演节目，活跃村民生活	学生"三下乡"
重庆城市职业学院	帮助永川区临江镇天星村五保户聚集区进行文化美观设计	五保户聚集区
重庆工业职业学院	组织师生帮助铜梁进行以龙文化为主题的美丽乡村设计方案	乡村旅游
重庆幼儿高等专科学院	学校幼教专家团队先后到天元乡高楼小学、天元小学开展教育帮扶活动，捐赠幼儿绘画图书一套，并开展观摩展示课	班级教学
重庆工程职业技术学院	帮助打造天元乡旅游景观	乡村旅游

① 资料来源：本书课题组到巫溪县天元乡调研所得。

从深层次来分析，要实现从脱贫到振兴，职业教育推动乡村文化建设和载体结合不够，缺乏一种长效机制。以农民专业合作社为例，它是农民以"民有、民管、民享"为原则，自愿联合起来，按照市场逻辑组建，为社内成员和社外集体或个人提供生产经营服务的自负盈亏的经济合作组织。在广大群众中有很强的向心力和凝聚力，农民经常与农民专业合作社打交道，他们的利益与农民专业合作社利益紧密联系在一起。可以说农民专业合作社是推进乡村文化建设的良好平台。职业院校应把握农民专业合作社的内敛性和辐射性特点，联合开展一些活动，协同推进乡村文化建设，在移风易俗、转变观念、培养竞争意识、营造尊老爱幼文化、加强团结协作等方面发挥更大的作用。

（2）耕读教育开展的广度与深度不够

劳动教育是育人体系的重要组成部分，而全面开展耕读教育是新时代最好的劳动教育，是启蒙传承和发展中国优秀传统农耕文化的最好的方式之一。"耕读传家远，诗书继世长"，"耕"不仅能生产生存所需的饱腹粮食，而且可以让我们修身修德与开智发慧；"读"可以知诗书，达礼义，修身养性，以立高德（刘灵鸽，2018）。在几千年历史文明中所形成的优秀古代乡村文明，其本质上就是"耕读"文明，即通过"耕"来满足我们生活、工作与学习的物质需求，通过"读"来满足我们的精神提升和文化底蕴需求（王璠，2013）。耕读教育是中华民族文化传承千年的密钥，是中华传统文化闻名世界的法器，是身心一体化的生命教育，是让生命崇高、生活幸福的艺术教育，更是不忘初心、牢记使命的根性教育，也是新时代担使命的新劳动观。

长期以来，大多数村民认为要走出农村、走出"大山"才能赚到收入，才能获得幸福，以致于多年来数千万的受过教育的毕业生在内的农村大量高素质高技术技能年轻劳动力不断流向城市，留下的永远是年迈的老人、柔弱的妇女、幼小的孩童。就这样长此以往，城乡资源配置不再平衡，城乡差距越来越大，导致乡村专业技术技能人才极其短缺，老龄化、兼业化、空心化现象，特别是"谁来种地"问题日趋严重。人走了，乡村怎么发展？人走了，乡村怎么振兴？

耕读教育，让我们再一次温读获联合国文化遗产的中国24个节气、《易经》中的"天、地、人"、《道德经》中的"水"与"天地"、《黄帝内经》中的"五行"、牧民的歌谣、《大学》的"修身养性"、《诗经》的"乡村农耕祭祀""乡村农耕生活""乡村民风"、《归田园居》的"采菊东篱，悠然见南山"、中国的革命发展历程、中国的劳动楷模等等，让新一代的我们重新发现乡村的价值和未来，重新发现乡村的美，重新爱上乡村，重新回到乡村，愿意留到乡村、发展乡村、振兴乡村。人来了，是乡村从脱贫走向发展的开始；人留了，是乡村从发展走向振兴的生命。开展耕读教育，可以为乡村振兴带来人气与人才、带来资源与市场、带来乡村振兴的自信与文化。文化振兴是乡村振兴的精神支撑与灵魂支柱，而乡村振兴的时代意义更是中国优秀传统乡村文明如何实现与新时代新时期新要求嫁接的振兴（周维，2019）。耕读教育是乡村文化振兴的灵魂支点，其在实施乡村振兴战略中应该或者正在承担着将古老的农耕文明与新时代嫁接、实现过去与未来对话、让城市与乡村互补共生、使物质与精神统一的使命与担当①。

但是，在调研中发现，大多数非农职业院校几乎很少开展早读、早自习、晚读等读书活动，即使有些职业院校开展了"晨读"活动，但内容大多是关于专业文化、传统国学等方面的内容，很少渗透耕读文化教育。如云南某职业学院上午九点开始晨读，每个班级根据本班同学的需求选择晨读内容，有的选读名著名篇，有的选读会计准则，有的选读管理经典，有的选读营销策略②；贵州某职业学院的晨读以练习普通话为主，其内容主要是文学作品；四川某职业学院的晨读内容主要是《道德经》《弟子规》及英文等。尽管内容不断推陈出新，但是关于二十四节气、农耕诗歌、劳模学习、天地气等农耕文化的几乎没有。同时，根据教育部发布《关于职业院校专业人才培养方案制订与实施工作的指导意见》的要求，大多数职业院校已将劳动教育课程纳入专业人才培养方案中，但目前开展的时间和深度还不够。耕读教育的开展，不仅是让我们简单地回顾或者置身于我国古代的耕读社会，而且更重要的是要让中国古代耕读社会的传统优秀乡村文明得到传承与发展，在新时代赋予它新的价值，为我们所用而延续下去（张孝德，2013）。耕读教育的开展及劳动教育的落实，其内容不够丰富，形式不够多元化，空间不够开放性，即其还处于浅层次状态，耕读文化氛围还未全面营造起来，其内容还未深入职业教育受众者的大脑和心灵，以致于新时代的年轻人还未或还未帮助农村居民真正意义上地爱上农

---

① 资料来源：千年耕读教育的时代价值，https://www.sohu.com/a/420805561_243614.

② 资料来源：经管晨读展风采 莘莘学子迎未来，https://www.sohu.com/a/303137046_120068596.

耕文化、爱上乡村文化、爱上劳动。这是职业教育在文化传承与发展中存在的问题，也是促进乡村文化振兴的根本出发点。

5.3.3 涉农院校及专业学科建设落后，社会服务及考核机制不健全

5.3.3.1 涉农院校发展较迟缓，职能发挥受阻

我国土地辽阔，资源丰富，农产品多种多样。多年来大量的事实证明，国家经济的可持续发展离不开乡村的支持，乡村的发展与振兴对国家的繁荣富强具有极大的推动力。乡村的发展与振兴离不开农业技术技能人才的支撑，因此涉农院校的设立与发展是必然的。在公元前21世纪至公元前475年的奴隶社会时期，我国的职业教育萌芽，在南北朝时期的第一部农业职业教育教材是贾思勰所著的《齐民要术》，其也是我国的第一部职业教育教材（杨成明 等，2015）。鸦片战争后，现代职业教育不断兴起，到1926—1949年，我国职业学校发展到高达1 695所；1949年以后，职业教育尽管在曲折发展，但是职业教育亦然成为中国教育体系中的一个重要组成部分，且创办了大量的农业中学；党的十一届三中全会以来，各项职业教育发展政策和社会主义现代化发展需求促使我国职业教育进入快速健康发展阶段，在1978年召开的全国教育工作会议上，邓小平同志特别强调"扩大农业中学"。但是到目前，根据调研结果可知，在西南省市涉农院校在职业院校中只占少数。如云南农业职业技术学院、贵州农业职业学院、成都农业科技职业学院、重庆三峡职业学院都是所在省（市）唯一涉农的高职学院。在2019年全国首批197所"双高计划"建设院校名单中，仅重庆三峡职业学院和成都农业科技职业学院两所涉农学院入选。虽然国家近些年对涉农职业院校发展高度重视，但由于体制机制不健全不完善，涉农院校的发展并不如意，与乡村振兴要求还有较大差距。

第一，社会观念的偏见导致涉农院校发展资源不足。尽管众所周知国家经济的发展离不开乡村振兴，但当前社会对乡村的偏见始终存在。一方面是随着金融、互联网等诸多行业快速发展，大量的行业人才纷纷加入，希望获取高额报酬，而广大乡村产业比较收益不高，从经济效益的角度来看，不少人认为在乡或回乡工作是"无前途"的。另一方面是资金、人力等各方面资源在涉农与非涉农院校的投入上是不均衡的，由于非涉农院校发展的经济回报和社会效益比涉农院校来得快且可观，大多数资源向非涉农院校倾斜。涉农职业院校发展得不到自我的认可和其他多方的支持，人才引进难、留住难，难以培养出高

素质技术技能型涉农人才，客观上制约了农业农村的发展。

第二，涉农职业院校发展理念的偏颇阻碍自我发展。一方面，部分院校缺乏自主开放意识和创新意识，教育定位不准确，职业素养和能力的培养缺乏针对性。如，某些县域职业院校为迎合政府考核和群众片面追求子女升学的思想，在招生宣传中把对口升学（如"专升本率"）作为办学优势广而告之，最终导致县域职业教育淡化"职业"属性，忽略了面向农村农业的职业技能培训及服务区域经济发展等职能的发挥，办学内容自我窄化。另一方面，涉农教育投入不足，走形式化道路，过度追求高回报，甚至拒绝改革当前育人模式，致使乡村建设的后劲不足。如，部分高职院校存在"重城轻乡"思想，认为给乡村建设培养人才降低了自身的档次（林夕宝 等，2019），影响学校可持续发展，致使人才培养缺乏活力。

第三，涉农职业院校内部治理相对落后导致发展迟缓。现阶段，尽管我国的职业教育相关法律法规在不断修订完善，但涉农职业院校的工作与社会需求衔接不够，其服务乡村振兴是"心里明白"而能力缺失的。一方面，大部分职业院校，尤其涉农院校在招生就业、教学管理、师资管理等方面并未考虑农民教育特殊性，导致输出人才难以满足乡村发展的需求；另一方面，相关行政部门的监督管理不到位，职业院校为生存发展调整专业结构，偏离了涉农学校办学定位，致使服务乡村振兴能力不足。

5.3.3.2 涉农专业建设较落后，人才升级迟缓

涉农专业涉及甚广，比如林木、植物、水果、蔬菜、稻谷、动物、茶学、园艺等及其相关的医疗、药学、机械等，尽管如此，我国西南省市涉农院校少，开设的涉农专业也少。有人说，专业少，人才培养就该精细化、精英式，但涉农专业的建设却并非如此。以中职为例，部分区县农业学校招生困难，被整合为职教中心后，涉农专业或裁撤或保留 1~2 个，面临不断萎缩甚至停办的困境，导致区县职校人才培养与农业产业结构升级、乡村人才结构需求严重脱节。在 2019 年全国首批 197 所"双高计划"建设院校名单中，200 多个高水平专业群，仅重庆三峡职业学院（全市唯一涉农高职院校）的"畜牧兽医"、四川成都农业科技职业学院（全省唯一涉农高职院校）的"休闲农业"、贵州铜仁职业技术学院的"畜牧兽医"三个院校的三个专业与农业关联度较高，且还有两个院校为同一专业。这足以证明西南省市职业教育涉农专业不仅少，而且专业建设较落后。

第一，涉农专业招生困难，专业建设资源不足。常年以来的传统思想，导致多数人认为学农就要回农，回农就是"没出息"，绝大多数农民家庭认为读书就是为了走出农村，走出农村才能"挣大钱"，才能"不受苦"。因此，愿意来就读涉农专业的人数越来越少，尽管多数地区为了以大力发展涉农职业教育促进现代化建设，出台了"涉农专业学生免学费""直接给予涉农专业学生两年 4 000 元不等的国家助学金""为涉农专业学生推荐乡村相关工作"等政策。根据相关规定，多数地方职业院校的财政资金拨付是与招生就业数量有关的，招生就读的数量越少，院校获得的年度预算资金就相对越少，以致于院校发展的资金就不足以支撑其发展规划，涉农专业从学校层面分下来的"羹"就更少。专业团队有情怀，但无财力支撑，想进行专业建设也是有心无力，甚至举步维艰。

第二，涉农课程设置不合理，教育教学支撑不足。根据人才培养相关规定，每年职业院校都会根据社会及其涉及行业、企业、岗位对专业人才培养方案进行调整，包括课程体系的构建与课程的设置。随着信息技术的发展，在各行各业都渗透着互联网、大数据、AI 等各种新的技术，会计、审计、商务管理、旅游、金融等各个专业都将新的技术和新的发展趋势融入了人才培养方案中，并增加或者调整了相关课程。但是我们在查阅一些涉农专业近几年的人才培养方案后发现，其课程设置几乎没有变化，在一定程度上导致了其与市场发展和社会需求不协调一致，难以支撑专业教育教学的一体化建设，使得乡村人才培养目标难以实现。同时，在做人才培养方案修订和课程设置时，未完全考虑涉农特殊性，以致于难于全面服务于农民教育。如职业院校招生多是普高和"3+2"（中专衔接）的，基本是脱产学习的学生，对于国家大力支持的国民教育、函授、网络教育等多种形式的教育教学并未被纳入其中，而这些教育教学方式是农民能更好参与的，这就使得继续教育举步维艰，学生和农民的个性化学习需求难以被满足，以致于新型职业农民的培养受限。

第三，涉农专业师资不健全，专业建设后劲不足。据了解，目前涉农专业，尤其是偏远区县职业院校普遍存在师资数量不足、学历水平偏低、教师队伍结构不合理（双师型教师比例偏低）等问题。多数职业院校专业教师招聘要求研究生学历及其以上，然而学历稍微高点的毕业生并不愿意去偏远区县任职，同时到任的专任教师多是"读书"出来的，并未实实在在到田间进行过涉农实践和田间学术研究，即书本知识多、实践能力差，很难带领学生进入农村、了解农业，导致学生无法做到学以致用，更谈不上传授乡村文化和技能、培养学生热爱农村关心农事的习惯。其实，在涉农实践方面，新型职业农民是最好的老师，但其缺乏理论知识的支撑，难以进行有效教学，而且其也不符合职业院校专业教师任职条件。职业院校现有少数师资习惯了传统教育方式，对新技术学习不够，掌握不深，运用新技术服务乡村振兴还存在明显的短板，制约了高素质技术技能人才的培养。

第四，涉农专业实践平台少，实践能力培养不够。不管是国家政策，还是省部级政策或地方制度等，都从不同层面或角度以各种方式大力鼓励和支持职业院校与行业企业深入合作，协力共建实习基地、实训基地、创新创业基地、工作室或实验室等实践基地。不管是依托学校还是行业企业，彼此都相互支撑和互助，深化产教融合，以推动学科专业建设与产业转型升级相适应，同时推动企业可持续发展，促进区域经济不断发展。但据了解，由于经济利益和经济效益的驱使，很少有企业参与涉农专业建设，更不用说共同搭建涉农实践平台，以致于涉农专业学生实践少，实践能力不足。同时，涉农专业建设获取的资金等相关资源相对较少，其参与乡村建设力度小，直接在乡村搭建实践平台的能力不足，导致职业院校无法给予当地农民更多的涉农技术技能培训和产业指导，学生也无法直接接受更多更好的涉农实践教育。

5.3.3.3 多元投入与统筹不够，资源整合不够

从调研结果来看，精准扶贫与乡村振兴的有效衔接不仅要靠招商引资和政府资助，更要靠国家政策的正确引导、村民与社会各界的共同努力、职业技能提升及专业人才的指导，即需要多方的财力、物力、人力的支持，尤其是人力资本的依靠。人力资本的有效运用是实现精准扶贫与乡村振兴有效衔接的关键因素，而职业教育是高质量人力资本产出的摇篮，即只有高质量高水平发展的职业教育才会有高质量人力资本输出。目前，职业院校产教融合、多元化育人体制等还在探索阶段，在参与扶贫工作与服务乡村振兴过程中，其还处于"单打独斗"的局面，单方面的资源投入导致其扶贫工作和乡村振兴参与度还不够。

第一，地方财政的投入不足，政校合作不到位。据了解，多数职业院校基本靠年度预算中的财政拨款进行事业发展，而地方财政对其投入很少。地方财政在教育方面的投入，主要是针对区域范围内的中小学。通常而言，职业院校不属于地方管属，即不存在行政管理关系，则一般情况下地方政府部门与职业

院校打交道的相对较少，合作就更少了。大部分的政校合作基本都是基于相关领域的课题研究或者资政探讨，对于职业教育发展及其社会服务，地方政府部门基本不主动参与。职业院校服务乡村振兴，需要政府部门的指导，也需要其通力协作（李祥 等，2018）。政校合作，将给予职业院校服务乡村振兴更多的政策支撑和引导，从而使扶贫工作更加精准到位、深入有效。

第二，缺乏多元化办学制度，校企合作不深入。一是由于缺乏多元化办学的制度设计，社会上的富余资金、农业技术、实验设备、厂房不能参与办学。二是资本雄厚的企业多数为盈利组织，其经营目标是"赚钱"，其与职业院校合作办学、为职业院校投资买设备建基地等，成本是多少？收益从何而来？校企之间如何分层？收益是否大于成本？对企业形象是否有影响？各种问题将让很多企业"望而却步"。三是部分院校校企合作关系已经建立了，校企深入合作模式还处于探索阶段，在实践操作过程中却出现了很多问题，如人才培养方式该如何协同、学生毕业后是应该到企业还是乡村服务等。因此，职业院校参与帮扶有时成了单打独斗。少了企业的合作，将在一定程度上减少资金的支持、硬件的投入以及对实践能力的培养，以致于职业院校对乡村的帮扶不够深入和持续。多元化互利共赢式投入办学，能广纳社会办学资源，积极支持和规范社会力量兴办职业教育，积极探索建立股份制、混合制学校，将进一步壮大职业教育办学实力，更好服务乡村振兴。

第三，统筹管理机制不健全，校校联盟不紧密。在调研中发现，不同院校对同一地区进行了帮扶，缺乏统一管理和沟通交流，导致很多院校在帮扶形式和内容上是相似的。尽管这样帮扶的次数会很多，但在某种程度上来看其效果不一定好。比如"三下乡"，不同院校到同一乡村去都是进行唱歌、跳舞、朗诵等表演，会降低村民的满意度。如果校校联盟，共同协作，优势互补，相互配合参与扶贫工作，共同服务乡村振兴，职业教育在服务乡村振兴上的作用发挥将更有效。2019—2020 年，重庆、四川相继组成"成渝地区双城经济圈财经职业教育联盟""重庆财贸职业教育集团""四川财经职业教育联盟"，以资源共享、抱团发展，将进一步促进校校合作，让校校联盟统筹政策、统筹资金、统筹人员，发挥合力，共同助力西南省市乡村振兴。

职业院校要变单一服务为功能互补的多方联动，构建"政府+职业院校+企业（行业）+农户"合作模式，集中资源，形成合力，才能共同助力乡村从扶贫走向致富，从发展走向振兴。

5.3.3.4 帮扶考核制度不健全，服务动力不足

第一，服务动力不足。帮扶工作与参与振兴工作是职业院校开展社会服务的一种体现，由于这种社会服务具有一定公益性，从经济利益上讲，投入很多，既不纳入单位年终考核，收获又很少，一些职业院校在实际工作中出现了动力不足的情况。一是个别职业学院帮扶次数少。以重庆为例，从其对重庆巫溪天元乡帮扶情况来看，存在个别帮扶工作"一锤子买卖"现象。从 2017 年开始推进对口帮扶工作以来，个别职业学院领导到天元乡指导帮扶仅一次，开展了前期调研，并给予帮扶承诺；但后续帮扶"杳无音讯"，未能建立和履行长效帮扶机制，部分贫困户无法享受前期承诺的帮扶措施。二是个别职业学院帮扶工作虽有承诺，但进展缓慢。据调查，某职业学院为贫困户打造了精准帮扶措施，并为后续帮续制订了详细计划，但不见行动，该职业学院前期赴天元乡开展调研脱贫攻坚工作，就农校对接、教育帮扶、农副产品订单销售达成共识后，相应帮扶措施实施缓慢，时隔一年多后，才再赴天元乡贯彻落实市教委扶贫集团对于脱贫攻坚工作的各项要求，制订精准帮扶措施。再如重庆另一所职业学院承诺向天元乡某村委会捐赠 20 000 元扶贫金，用于电商平台建设及产业发展，后续也将在师资培训及劳动力转移等方面提供帮扶，后经反复催促，捐赠资金才到位。三是个别职业学院帮扶工作不兑现。如重庆某职业学院承诺为天元乡某镇建设中的汽车站、卫生院、文化站、幼儿园等项目选址进行环境勘测，对某村陈列馆建设选址及建设思路提供建议，职业学院领导承诺时令人振奋，但后期没有任何帮扶措施，虽多次联系，仍无具体举措。

第二，帮扶形式没有充分体现社会服务职能。以重庆为例，通过电话访谈、新闻收集、资料查询，课题组收集到部分高职学院在巫溪县天元乡开展扶贫工作的情况并采取了相应精准扶贫措施①（见表 5-28），并对这些高职学院帮扶措施进行了分析，总的看来，重庆 11 所高职学院都高度重视扶贫工作，也采取了一定措施予以帮扶，体现了职业院校的一份社会责任。

---

① 资料来源：本书课题组到巫溪县天元乡调研所得的数据。

表 5-28　重庆部分高职学院帮扶情况一览表

单位名称	帮扶措施
重庆城市管理职业学院	与香源村签订对口支援脱贫攻坚协议，并捐款 13 万元用于发展农村集体经济、中药材种苗采购等方面；赴天元乡敬老院开展义诊；开展"一对一"结对帮扶活动；看望慰问贫困户；送上慰问品及产业发展资金
重庆电子工程职业学院	签订校乡合作和认购农产品协议，向天元乡捐赠 10 万款项及办公电脑，向 15 户贫困户发放生活用品；重点察看学院引进的百香果种植和收益情况；向天元小学贫困学生捐赠课外图书等；看望慰问结对帮扶贫困户；帮助天元发展电商扶贫
重庆财经职业学院	落实乡村财务人员集中培训工作；结合电商、物流专业，推进劳动力转移培训；捐赠 13 万元资金用于产业发展；与香源村签订"重庆财经职业学院对口支持巫溪县天元乡香源村脱贫攻坚协议书"；结对帮扶贫困户，捐赠产业发展基金 1 万元
重庆信息职业技术学院	提供 10 万元资金用于解决村办公室至新铺子公路水毁修建
重庆工贸职业技术学院	与天元乡签订脱贫攻坚结对帮扶框架协议，为吉龙村捐赠 5 万元用于村党员活动室建设；与天元乡政府签订"共建大学生社会实践基地协议"，结对吉龙村贫困户
重庆能源职业学院	走访贫困户，对调研了解的贫困情况专题研究，因户施策
重庆城市职业学院	捐赠 1 万元用于结对贫困户生产发展基金；对巫溪籍在校学生每人提供 1 200 元的生活补助，并协助其接受专升本培训；为天元乡旅游项目提供策划；打造营运天元乡电商平台及产品"品牌"；结对贫困户，捐赠产业发展资金 2 000 元/户
重庆电讯职业学院	在产业路建设、剩余劳动力转移等方面为宝坪村提供帮扶；向宝坪村委会捐赠 20 000 元扶贫金，用于电商平台建设及产业发展
重庆青年职业技术学院	为镇江村卫生室建设提供资金和设备支持；每年分别为巫溪籍、天元籍学校在读学生分别提供补助；免费为天元乡开展电商培训服务
重庆商务职业学院	对在校就读的天元乡籍贫困学生进行了家访；结对帮扶贫困户；给予产业资金
重庆化工职业学院	农校对接、教育帮扶、农副产品订单销售达成共识；给予产业帮扶资金，慰问贫困户，制定了精准帮扶措施

通过分析，职业院校在帮扶中具有以下几个特点：一是学校都给予了资金帮扶，其中重庆城市管理职业学院、重庆财经职业学院一次性捐赠 13 万元用

于产业发展资金，增强了村社集体造血功能。二是开展了业务培训，如重庆财经职业学院结合电商、物流专业，推进劳动力转移培训，开展了乡村财务人员集中培训工作，得到了村社居民的好评；再如重庆青年职业技术学院结合电商专业，免费为天元乡农民开展电商培训服务，也收到良好效果。三是开展消费扶贫，几乎所有的学校都与天元乡签订了合作协议，在重大节假日购买天元乡农特产品，促进天元乡产业发展。四是几乎所有的学校结对帮扶困难农户，如重庆财经职业学院8个党总支分别结对帮扶天元乡香元村8个贫困户，学校党政负责人每次探望都送去慰问金、米和食用油，送去组织上的温暖。上述特点在云南、贵州、四川3个省亦是较为突出的。

2020年前西南省市各高职学院虽然都对贫困村进行了帮扶，成效也比较显著，但从实际了解的情况来看，帮扶深度不够，持续强度还不够。笔者认为，职业院校的帮扶应充分突出自身技术技能优势，按需帮扶，找准最需要帮扶的痛点、堵点，以天元乡为例，由于天元乡处于众多山峰之间，其所处境内山不仅大而且陡坡众多，一条条沟壑明显纵横，使得可耕种的土地非常分散或零碎。加之其所处地理位置的最低海拔为625米，最高海拔高达2 650米，是典型的立体高寒山区，不利于种植的农产品很多，即适合种植的农产品有限，这在一定程度上给天元乡农业规模式可持续发展带来了困难。由于其地势或地理等各种原因，天元乡传统农业局限于相对好种植、耐活的土豆、玉米、红薯这"三大坨"，除其本身以外，由于地方工业发展水平落后、交通不发达、服务业不流通，"三大坨"的经济附加值很低，粮经比达到8∶2，其无法变成商品，无法被市场所需求而产生经济价值，则以自给自足为主；中药材等特色产业"小杂散乱"，尚处于起步阶段。天元乡农户传统"三大坨"的种植技术自不多说，调整粮经比、提升经济作物种植是改变天元乡整体产业发展的重中之重。据了解，中药材、中蜂、特色水果（冬桃、百香果、青脆李、大樱桃），集体经济运营，电商平台搭建及产品销售等方面培训是天元乡最急需的①。作为职业院校，应该改变自己的帮扶形式与内容，聚焦扶贫工作的堵点、痛点，充分发挥专业优势、学科优势、师资优势和技术技能优势，使帮扶工作收到实实在在的效益。只有帮扶广度够广、深度够深、强度更强、温情更适当，才能有效促进从脱贫走向振兴。

---

① 资料来源：本书课题组到巫溪县天元乡调研所得的数据。

第三，帮扶考核制度不健全。从 2017 年起，不管是云南、贵州，还是四川、重庆，各省（市）教育主管部门给各高职学院下达了扶贫帮扶的通知，提出了具体工作要求，但后期考核没有跟上，扶贫工作没有与单位年终考核以及党政负责人评优评先挂钩，帮扶工作缺乏内生动力，职业院校党政负责人主动性、积极性不够高，应该引起上级部门思考。如：2019 年某省级教育主管部门对省属高校领导班子和领导干部的年度党建和事业发展考核的要求中，需要对各高职学院党建工作和事业发展工作进行考核，根据党建工作考核指标可分为政治建设、思想建设、组织建设、作风建设和纪律建设 5 个方面；根据事业发展指标可分为教学建设与人才培养、科研与创新发展等 6 个指标。无论党建工作考核还是事业发展考核，均没有对扶贫工作强度、广度及深度做明确要求。这在客观上不利于调动职业院校参与乡村振兴的积极性。在精准扶贫与乡村振兴有效衔接过程中，省市教育部门要完善帮扶考核制度，提升职业院校帮扶内生动力，积极参与乡村振兴，体现职业院校的社会责任。

6 职业教育服务乡村振兴的经验借鉴

6.1 国外经验借鉴

6.1.1 职业教育与日本乡村振兴

日本人多地少，劳动力资源丰富，农村乡村文化传统、农业生产方式等与我国比较接近。日本在乡村振兴的发展道路上经历了的三个阶段：一是从第二次世界大战结束至 20 世纪 70 年代中期，针对土地规模小，为了扩大土地规模，提高生产效益，日本实施了合并村镇、加强农村基础设施的举措，并出台了一系列的法律法规，在某种程度上开始了一场农村脱贫工作，并取得了良好成效。二是从 20 世纪 70 年代中后期至 20 世纪 90 年代末，这个阶段日本城乡差距明显缩小，农民得到实惠，收入逐渐提高，日本农村城镇化水平也逐渐提升。日本政府发起了造村运动，加强农村基础设施建设，硬化道路，改善交通，在此基础上着力发展乡村文化与旅游产业，鼓励城市的富余资金、人才、技术参与乡村建设，不断促进乡村旅游和城乡融合的发展。在旅游方面，重在发展体验农场、观光农业、农家民宿、共享农场等，增加了农民收入，提升了乡村产业质量，也带动了周围农村经济发展。三是进入 21 世纪以后，日本进入了以有机农业为主体的乡村可持续发展阶段，政府致力于提升农村劳动力质量，开展职业技能培训，放宽企业进入农村渠道，以城补农，以城带乡，强化对农业发展补偿，注重对农村生活环境以及田地的有机保护，着力生产可持续、绿色、健康、安全的农产品。

在日本乡村振兴过程中，职业教育发挥了重要作用。一是日本非常注重对农民的职业培训，以提高他们职业能力，政府不仅积极为职业教育提供资金支持，而且鼓励企业、行业协会、中介民间组织参与乡村建设，政府不余遗力地大力支持，并制定了行之有效的法律制度，培养了一大批比较成熟的职业农民，这为日本 20 世纪 70 年代中后期至 20 世纪 90 年代末实施第二阶段的旅游与文化产业发展提供了人才支撑。二是日本非常注重乡村文化保护，在第二发展阶段，日本职业教育注重农业产业化人才培养，深入挖掘日本传统农耕文化，通过实施专业人才培训、组织市民开展农园体验、大力发展乡村旅游，催生了乡村旅游的可持续发展，带动了农业增收和农民的致富，这为第三阶段乡村发展奠定了坚实的物质基础。

6.1.2 职业教育与韩国新村发展之路

韩国资源相对匮乏，山多人多地少，与我国云南、四川、重庆、贵州比较相似。20 世纪 60 年代末，大量的农民涌入城市，农村比较萧条。1970 年韩国发起了新村建设与发展运动（以下简称"新村运动"）。

在"新村运动"过程中，政府为农村免费提供水泥、钢筋等资源，鼓励农民返乡建设自己的家乡，韩国农民的居住条件和基础设施建设得到很大改善。"新村运动"非常注重对农民的培训，大体可以分为四个阶段：一是环境改善阶段的农民培训，在"新村运动"之初，政府成立了新村领导人培训学院（SLTI），重点培养农民吃苦耐劳的精神和自立自强的品质，塑造农民自强、合作、勤劳的灵魂；二是农民增收阶段的农民培训，针对农民落后的农业生产方式，政府开展了农业生产技术职业培训，高等学校和职业院校教师深入田间指导农民生产，为其讲授农业知识，帮助其调整产业结构，并向其传授市场知识和经营管理的理念；三是农村工业化阶段的农民培训，经过一段时期的"新村运动"，政府兴建与农业相关的工业园区，以园区带动农业产业发展，同时大力兴办农业职业院校，实施农、渔民后继者培养工程，培养了一大批新型的职业农民，为"新村运动"提供了坚实的人才支撑；四是自主发展阶段的农民培训，20 世纪 90 年代后，政府积极鼓励社会民间组织参与新村建设，这些社会民间组织致力于国民伦理道德建设、共同体意识教育和民主法制教育，政府有意识地从培训中淡出。同时韩国农村得到了较大发展，政府引导农民调整农业结构，发展农村金融业、流通业，开展多种经营，韩国乡村建设步入良性发展轨道。

6.1.3 职业教育与德国的"双元制"

德国是世界上较为发达的资本主义国家之一，其农业发展水平具有信息化、机械化和精细化的特点。该国农副产品具备了生产、收购、加工、储运和销售各环节的比较完整的产业链，具备完整的农业发展体系，其标准化的生产模式为本国农业带来了巨大的增值效益。德国农业之所以发达，既归功于本国的科学技术水平，又归功于有一群高素质的职业农民。

高素质的职业农民的培育，离不开德国的"双元制"教育。"双元制"是德国职业教育最为典型的特征，其本质是农民在职业学校学习与在农业企业实践学习紧密结合的一种双元的模式，在学校，农民是学生；在农业企业，农民是学徒。德国"双元制"教育学制一般设定为 2~3.5 年，一般在学校学习大约占三分之一的时间，在农业企业实践学习大约占三分之二的时间。在"双元制"的模式下，学校与企业建立了良好的合作机制，政府制定相关法律予以支持，农民教育经费是政府和企业各承担一部分。学生在学校学到理论知识，在企业能够接触农畜产品、直接使用企业的各类设备，以生产性劳动的形式展开学习。德国的国情与我国有很大不同，从事农业的都是高收入群体，在德国，农民必须接受农业教育才能持证上岗，只有考试合格者才能担任农业企业主和农产主，才能有资格获得国家的各种补贴，否则没有从事农业的资格。据统计，德国95%的农民都受到过规范性的职业教育。其中，受过高等教育的占比为10%，受过中等职业教育的占比为31%，参加过职业进修教育的占比为59%。正是因为有了系统培训教育，德国农业发展才有了坚实的人才支撑，农业生产效率才能稳步提升，农村发展才能处于比较先进的水平。

6.1.4 职业教育与法国乡村发展

法国是世界主要农业大国，也是农业强国，机械化是法国提高农业生产率的主要手段。法国和西方其他发达资本主义国家一样，随着第二次世界大战后工业化的发展，农村呈现老龄化和村庄空心化的特点。为了改善农村的状况，法国首先制定了若干乡村规划来改善农村道路等基础条件，政府一方面加强农村水利和农田基础设施建设来改善灌溉条件，降低农耕成本，同时完善网络通信、电力水利、教育条件、卫生环境等，改善农民生产和居住环境；另一方面鼓励城市企业到农村开办工厂，吸纳就业人口，活跃乡村经济，减少农村人口外流，取得了一定的成效。其次，政府非常注重村落文化保护，大力发展生态农业与生态旅游，严禁在村里乱搭乱建，严格保护传统的村落，保持其自然的状态；政府并不考虑采取复制古建筑的模式或者博物馆模式来还原村落的面貌①。在乡村整治过程中，政府并没有实施"一刀切"的政策，而是根据乡村的资源禀赋、区位条件、交通优势、发展状况，实行特色保护，主动与城镇对接，促进乡村繁荣发展。

法国政府重视对农民技术的教育培训，促进农民自我发展。法国政府跟德国一样，注重提升农民职业化水平。一是大力实施科技兴农政策，政府投入巨额资金，注重对农民的职业培训，启动了农民高学历计划，进一步推进了农业专业化发展和规模化经营。二是为了给农民提供农业技术生产、经营管理、市场营销等方面的咨询和培训，政府根据当地的农业生产情况设置了培训机构和农业方面的研究院。三是法国政府根据当地农业生产、加工、运输、储藏等产业发展需要，与职业学校合作，开设了涉农专业或者单独设置专门的农业学校，集中培养所需要的涉农人才。四是政府农业主管部门积极组织推动相关农业技术的推广与应用，为农业生产者提供专业的培训与指导。五是法国农业协会高度发达，协会担负起全方位指导农民、教育农民、帮助农民的重任。协会对于加入协会的会员从房屋的修缮、经营、定价、财务管理等方面进行指导、培训与帮助，对农民从事生产、管理、乡村旅游、市场经营等有很重要指导作用②。

6.2　国内经验借鉴

当前全国范围内部分职业院校在服务乡村振兴方面走在前列，已形成一批可复制可借鉴的典型案例，可为其他职业院校提供有益借鉴和参考。

---

① 资料来源：英国和法国的农村改造，农业扶持、基础建设、传统村落保护并重，https：//baijiahao.baidu.com/s？id＝1683879986983816790&wfr＝spider&for＝pc.

② 资料来源：朱亮，法国乡村旅游发展路径的启示，https：//www.zgxcfx.com/Article/86676.html.

6.2.1　人才培养层面

（1）河源职业技术学院典型案例①

河源职业技术学院积极落实乡村振兴人才支撑行动计划，以高职扩招为契机，创新"现代学徒制专项扩招"模式，形成"政校协同人才培养，教育助推乡村振兴"的典型经验。

河源职业技术学院认真贯彻国家关于高职扩招、人才培养方案制定等方面的重要文件精神，紧紧围绕普通高职教育人才培养目标、培养规格和计划，以多元化方式推进现代学徒制专项教学管理，全面提升教学管理质量。学院联合市委组织部重新编制人才培养方案，联合开办"高职扩招现代学徒制村干部大专班"，积极为在职在岗农村干部搭建平台，采取较为完善的教育教学管理方法。

主要做法：一是领导重视，机制健全。学校领导高度重视高职扩招现代学徒制教学管理工作，成立专门的高职扩招工作领导小组，明确分工和责任主体，形成责任主体明确，分工协调的工作机制，确保扩招教学质量。二是精选项目，优化设置。学校抓住"乡村振兴关键在人才"的核心工作，乘着高职扩招的"东风"，联合市委组织部协同开展以"现代学徒制"专项扩招为河源乡村振兴战略培养高素质的"三农"工作队伍。学校结合实际制定灵活实效的弹性教学计划和学时计划，重视培养，优化课程设置。三是政校协同，创新模式。在管理模式层面，采用政校联合管理、双管齐下的模式；在课程体系层面，采用专题教学、案例教学、情景教学等模式；在教学管理层面，引进校外优秀教师，实行教师多样化，自编校本教材，实行教材活页化，重视参与和实地考察，实行教学个性化；在学生管理层面，创新理念，精选团队，做好跟踪和全方位管理。

主要成效：一是发挥示范引领作用。通过政校合作共建人才培养方案，共同参与落实教育教学和管理创新，分类实教、因材施教，形成了一套较为科学的乡村振兴人才培养方案。对国内其他高职院校推进高职扩招现代学徒制办学起到了良好的示范引领作用。二是促进人才振兴。学院举办高职扩招现代学徒

---

① 资料来源：河源职业技术学院，政校协同人才培养，教育助推乡村振兴，https://www.tech.net.cn/news/show-91542.html.

制村干部大专班为河源打造了一批"三农"工作者队伍，从机制上破解农村干部学员的就业和发展问题，破解农村人才引进难、留不住等难题，培养了一批乡村振兴人才。

（2）杨凌职业技术学院典型案例①

杨凌职业技术学院创新培训模式，深入探索"培训+"服务模式，将培训"三进"作为着力点，把"三同"作为发力点，统筹推进"三进三结合"的多维度培训机制体系，强力助推杨凌示范区高质量发展和乡村振兴战略。

主要做法：一是以"三进"培训释放新活力。在培训"进乡村"层面，通过成立"职业农民培育学院"，围绕农业产业技术开展技能培训服务。在培训"进行业"层面，学院把培训的触角延伸至各行各业，如为农家酒店开展素质提升培训，为职业女性开展农牧民培训等，通过行业培训不断为人才成长输血，为产教融合供能。在培训"进国际"层面，学院与国际接轨，深化与"一带一路"建设沿线国家的合作和交流，在哈萨克斯坦建立海外现代农业技术培训中心，承担商务部"援外培训项目"研修培训等。二是以"三结合"助力"培训+"焕发光芒。在"同产城融合结合"层面，学校依托科教资源优势，以培训为载体推动产城融合，通过以培兴产、以产带城，将农业科技成果从实验室搬进田间地头，有力推动了示范区的转型升级。在"同城乡融合结合"层面，学院因地制宜、大胆创新，变"授人以鱼"为"授人以渔"，开设基层课堂、提供技术指导，培养了一批批基层干部和新型农民，促进了城乡融合水平的整体提升。在"同乡村振兴结合"层面，学校建立"一体两翼"的新型职业农民教育体系，主动融入乡村振兴战略，与贫困地区帮扶结对，为群众送技术、送服务。

主要成效：通过开展"三进"培训活动，众多学员成为田间地头的"土专家"和乡村振兴的"主力军"，开展多期技术官员实用技术培训，为一百多个国家累计培训了 1 400 多名技能人才，个体户农村每年实现净收入 30 多万元。在"培训+"服务乡村振兴模式引领下，学校成功入围首批国家"双高计划"院校，迎来新的发展机遇，更好地为职业教育"中国方案"提供"杨凌方案"，为乡村振兴贡献学校力量。

---

① 资料来源：杨凌职业技术学院探索"培训+"模式服务乡村振兴，http://www.ylvtc.cn/info/1013/10657.htm.

6.2.2 技术研发层面

（1）江苏农林职业技术学院典型案例①

江苏农林职业技术学院坚持"扎根农村大地办高职"的办学思路和方向，充分发挥技术、科研等优势，将教师教学工作同农业装备技术专业建设有机融合，紧跟农业科技前沿，积极打造新形态，助力农民脱贫致富，推进乡村振兴。

主要做法：一是深化课堂教学改革。把课堂移到田间地头，把讲台建立在驾驶舱。学校机电工程学院党员教师组成"智能农机服务团队"，围绕智慧农机助力乡村振兴战略，开展系列科研教学工作，组建服务团队，开发"云上智能""农技耕"App平台，用好手机新农具，通过线上远程指导和深入农户现场技术示范相结合的方式，开展多项技术服务指导，为农业生产保驾护航。二是大力实施"援智工程"。通过建立农机实训基地、农业人才培训基地、农机驾驶考培基地，实现农机助学，送考进校。学校教师深入国外艰苦地区参与支教和技术指导及研发工作，总结凝练出一批教科研成果。三是推行产教融合与人才培养相得益彰。依托"农业信息化""智慧农业"等项目，为农场及合作社提供技术指导，与涉农企业签订产学研合作协议。学校整合多方资源成立电商直播学院，培育"网络新农人"。农业装备专业教师带领学生开展农机"三下乡"服务，帮助农户解决技术难题。学校定期开展农机考评员、农机维修工、农机合作社带头人等多层次技能培训项目。

主要成效：通过深化课堂教学改革，专业教师迈出国门参与农业技术研发。近两年，专业教师技能水平显著提升，教科研成果成绩喜人，累计为20余家合作社、家庭农场提供了技术服务指导。师生获得国家级职业技能大赛一等奖8人次，毕业生"双证率"持续走高，就业率和用人单位满意度均在98%以上。

---

① 资料来源：江苏农林职业技术学院，为乡村振兴插上科技的翅膀，https://baijiahao.baidu.com/s？id＝1685865325353708260&wfr＝spider&for＝pc。

（2）潍坊职业学院典型案例①

潍坊职业学院以主动服务农业农村工作为己任，以开展农业科技推广服务为重点任务，推进落实乡村振兴战略，形成颇有特色的"潍坊模式""诸城模式""寿光模式"。充分发挥学校涉农领域资深专家的人力资源聚集优势，围绕现代农业技术研发与资源输出精准发力，培育出大批农业技术技能人才。

主要做法：一是发挥"专家+团队+平台"合力作用，深化技术推广与应用。在国家"万人计划"教学名师丁世民教授的带动下，打造高水平农业技术研发和科研创新团队，通过专家引领、团队优化，以泛化技术培训普惠"三农"。学校牵头成立10多个省市级农林类研发中心，与企业联合共建技术研究中心。农林专业教师赴中央广播电台录制农林科技节目百余期，宣传农业科学技术。二是技术援藏造福西部偏远农村。学习积极响应支持西部战略计划，将农业技术服务向西部偏远地区延伸。与西藏聂拉木县签署产学研合作协议，通过创中心、设平台、建团队，开展课题研究、农业技术研发与培训服务，开展蕨麻种质资源的收集、繁育和种植，"芳青玫瑰"远嫁绥德，成就精准扶贫美丽事业等，系列技术服务活动有效助力"三农"发展，为乡村振兴插上了腾飞的翅膀。三是创建"职业农民学院"，打造乡村振兴新样板。依托"职业农民学院"分批次开展涉农领域职业培训、农民大学生学历教育、农技人员在职继续教育等，着力打造和培养新时代职业农民队伍。多层面开设职业基础课程和核心课程，探索固定课堂、田间课堂、空中课堂融合互补的教学模式，多角度全方位满足新型农民培育需求。

主要成效：近年来，累计在全国各地开展农村基层干部、园林技术人员培训30余次，培训人数达4 000多人次。依托省级农业成果转化项目推广种植新增经济效益8 400多万元，成果获"省科学技术进步三等奖"。依托省级星火计划项目培训农民推广使用除韭蛆技术规程，大大减少了农药使用量，获得农业部颁发的无公害产品证书并获得"省级科技进步二等奖"。自2018年年初组建职业农民学院建以来，先后开展涉农技术培训等19期，培育出大批种植养殖大户、农科技人员、农业合作社负责人等，成为打造乡村振兴"潍坊模式""齐鲁样板"的重要依托力量。

---

① 资料来源：潍坊职业学院，聚力技术输出与精准助农 打造乡村振兴人才高地，https://www.sohu.com/a/317917035_ 100006284.

6.2.3 社会服务层面

（1）广东松山职业技术学院典型案例①

广东松山职业技术学院是粤北地区唯一的一所高职院校，近年来在职业教育脱贫攻坚的战场上，始终以党建引领为抓手，创新思路，牢记使命，认真贯彻落实广东省职业教育"扩容、体质、强服务"三年行动计划，依托电子商务特色专业，成立广东首家农村电商产业学院，不断推动地方经济社会发展，奋力书写职业教育服务乡村振兴的满意答卷。

主要做法：一是深化产教融合，服务乡村振兴。学校始终坚持党建引领，努力探寻职业教育在乡村振兴中人才培养的重要作用，通过整合市场营销、电子商务等专业的师资力量和优势资源，积极发挥职业教育、农业科技、技术人才等各方面的优势，通过"送教下乡"、开展专题培训等方式，传承技术技能、促进就业创业，塑造"三农"发展的"加速器"。自2016年以来，该校经济与管理学院的专业教师王慧带领农村电商团队深入乡村进行电商技术帮扶，助力涉农企业及农户搭建农村电商营销平台，并为其提供专业技术服务和技能培训，多层面解决农产品滞销难题，电商销售额由原来不足百万迅猛飙升到上亿元级别。二是校地共建"农村电商产业学院"，服务社会发展。通过"学校+企业"的合作模式，深入调研现时代农村对新型农民人才的现实需求，及时转变合作方法和思路，依托"扶贫助农电商平台""直播带货"等新渠道、新模式支持困难群体就业创业，助力乡村振兴好项目及时落地，服务社会经济发展。2020年年底，学校联合翁源县政府成立广东首家"农村电商产业学院"，主动服务乡村振兴。通过产教融合，提升内涵质量的重要基础，标准学校产教融合、校企双元育人步入快车道。

主要成效：通过专业教师带领服务团队"送教上门"，提供技术指引和培训服务，使翁源兰花电商销售额突飞猛进，增至上亿元级别。通过开展"农特微商技能班""省级精英训练营"等技能培训活动，培育大批农村电商销售精英人才。学校践行"职教扶贫、商科富农"行动，成为教育部首批新商科智慧学习工厂和省级高水平专业群立项建设单位。

---

① 资料来源：服务乡村振兴　助推产教深度融合——广东松山职业技术学院成立广东首家农村电商产业学院，https://baijiahao.baidu.com/s？id＝1687576357797274509&wfr＝spider&for＝pc.

（2）重庆三峡职业学院典型案例①

重庆三峡职业学院是重庆唯一一所农业类高等职业院校，在培养农业人才，服务重庆乡村振兴工作上具有得天独厚的优势。学校充分发挥涉农教育专业特色和科技优势，坚持走科教扶贫、产业扶贫之路，坚持扶贫与扶志、扶智相结合，助力精准扶贫与乡村振兴有效衔接，全力打造"高职样板"。

主要做法：一是跨区县成立"乡村振兴学院"，把课堂搬进田间地头。学校通过与龙驹镇、大周镇等乡镇积极搭建政校行企产教融合平台，深化"校企合作，产教融合"，充分发挥了职业教育社会服务职能。依托乡村振兴学院广泛开展农民技能培训、科技兴农、农村电商等工作，不断提升农民生活水平。构建乡村人才培训体系，深入开展创新创业研究，打造创业孵化平台和基地，提供人力支撑和智力支持，解决"三农"问题。二是实施"党建+扶志""产业+扶志""职教+扶贫"等模式，助力乡村振兴。"党建+扶志"方面，学校专门成立党建引领的脱贫攻坚工作领导小组，选派优秀党员干部担任驻村"第一书记"，带领村党支部开展主题党日和党员培训，激发内生动力，增强脱贫信心。通过在万春村创建腊肉加工厂，为乡村发展注入活力。在"产业+扶志"层面，坚持走生态产业化、产业生态化之路，做大做强特色产业，释放发展红利，优化产业布局，助推产业转型发展。在"职教+扶贫"层面，学校坚持立德树人，以强农兴农为己任，突出现代农业办学特色，积极打造服务乡村振兴品牌，发挥辐射带动作用。

主要成效：在深入乡村充分调研的基础上，重庆三峡职业学院先后在贫困地区乡镇设立了四个乡村振兴学院分院，助力渝东北地区脱贫攻坚和乡村振兴有效衔接。近年来常态化开展各类培训服务，平均每年培训 5 000 人次以上，开设田间微课 40 多门，受训学员获得"大国工匠职教之星""市十大乡村振兴领军人才"等多个荣誉称号。

6.2.4　文化传承层面

（1）重庆财经职业学院典型案例

重庆财经职业学院把助力乡村振兴作为重要职责，学校党委高度重视，多

---

① 资料来源：我校助力乡村振兴又添新举措　乡村振兴学院龙驹镇、大周镇两分院今日成立，http://www.cqsxedu.com/info/1036/5013.htm.

措并举强化职业教育精准服务乡村振兴。充分发挥在校大学生在助力乡村振兴战略中的"生力军"作用，形成了以志愿服务为载体助推乡村文化振兴的典型案例。

主要做法：一是以建立"爱心驿站"为依托，弘扬乡村文化。学校在永安村建立"爱心驿站"，为在校大学生搭建服务乡村的志愿者服务中心，通过在校内招募志愿者，为永安村对接开展"关爱留守儿童""关爱孤寡老人"等志愿服务。通过与村委合作，以交流会、座谈会等形式，走访农户，挖掘乡村文史资料，进行弘扬和宣传。充分发挥应用设计专业志愿者学生的特长，帮扶村镇街道设计具有当地文化特色的门牌号、标志号等，为乡村文化注入活力。二是探索乡村旅游发展模式，创新文化载体。学校依托旅游管理专业，充分发挥学生志愿者的积极性，把乡村作为实习实训基地，通过深挖乡村文化元素，努力探寻乡村文化和乡村旅游产业的耦合点，探索文旅融合的方法和路径。学校成立非物质文化遗产大师工作室、新农村休闲旅游咨询服务站等平台，传承乡村文化旅游技艺，宣传推广现代休闲农业旅游知识，依托乡村振兴学院帮扶乡村旅游文化融合发展。三是利用新媒体平台，传播乡村优秀传统文化。通过寒暑假"三下乡""进社区""四点半实践课堂"等活动，盘活乡村文化热点，通过开展植树造林、环境卫生清洁、孝老爱亲、乡村文艺表演等文化活动，培养良好家风、文明乡风和淳朴民风。学校协助永安村委开展"文明风尚标兵""五好文明户"等评比活动，充分利用校园官网、学校官方微信公众号、官方微博、官方抖音等新媒体平台，大力宣传，继承传统文化。

主要成效：重庆财经职业学院以志愿服务为载体助推乡村文化振兴，把校内课堂教学探索搬到"田间地头"，为乡村旅游、文旅融合提供了扎实的理论支撑和人才支持，成为重庆市范围内高职院校助推文化振兴的典范。

（2）日照职业技术学院典型案例①

日照职业技术学院依托该校旅游管理、文化创意等专业，抓牢文化振兴的铸魂工程，通过搭建"四零八乡"公益平台培训体系，充分挖掘乡村传统文化元素和特色现代化旅游资源，推进文旅融合，着力服务地方乡村文化振兴。

主要做法：一是以"四零工作室"搭建公益辅导新舞台。通过创建"职

---

① 资料来源：日照职业技术学院"四零八乡"助力乡村文化振兴，http://paper.dzwww.com/dzrb/content/20200319/Articel20009MT.htm.

业院校+工作室+实践基地"公益培训模式，创建乡村振兴专项文旅服务工作室，与乡村辅导基地无缝对接，按照零收费、零距离、零时差、零门槛的"四零"标准，创新乡村文化产业服务载体。学校根据日照自然地理、历史等文化特色，创建"乡土日照四零工作室""红色日照四零工作室""海洋文化四零工作室""茶叶文化四零工作室"等特色工作室，以师带生，以老带新，发挥传帮带作用，从田野调查到教学做训为一体，拓展了学习和服务空间，师生服务社会的良好品质进一步深化。二是以"文化八乡"贯通乡村振兴文化链。通过调查走访、案例整理和资源开发，形成"调查挖掘乡贤乡治、整理梳整乡建乡技、传承传播乡风乡愁、活化开发乡景乡业"的品牌文化内涵，精准定位乡村文化文脉，注重融合和引导，贯通乡村振兴文化链。

主要成效：在"四零八乡"公益平台的辐射带动下，多名师生踊跃参与"乡土日照四零工作室"，连续驻村服务三年，致力挖掘乡村非物质文化遗产，帮助村委会组织策划年俗节庆活动，大力开发乡村文化体验活动，助力农文旅有机融合。在"四零八乡"公益平台的引领带动下，赵家河村不断开拓进取，被评为日照美丽乡村建设重点示范村和省级美丽乡村建设示范村以及"国家级传统村落""全国乡村旅游重点示范村"等。三年来，"四零八乡"公益平台累计形成30万余字调研笔记，组织策划10多场下乡演出活动、6次乡村民俗文化节活动，协作建成12个乡村技艺馆，起到了良好的示范引领作用。

7 职业教育服务精准扶贫与乡村振兴有效衔接的工作机制

从前文分析可知，职业院校在扶贫过程中发挥了政治优势、专业优势、技术优势、资金优势，为服务乡村振兴贡献了自身的力量。但也要清醒地看到，在精准扶贫与乡村振兴有效衔接过程中，由于定位不同、涵盖对象不同、措施手段不同以及目标不同，现行职业院校被动式、命令式的帮扶方式已不适应乡村振兴的需要。一方面职业院校服务乡村振兴存在动力明显不足，另一方面职业院校服务能力与农民群众要求有较大的差距，如农民职业培训不够精准、技术技能指导不够精准、帮扶工作缺乏长效机制、乡村文化建设缺乏角色定位等。这些问题应引起学界和政府部门高度重视。本书认为在精准扶贫与乡村振兴衔接过渡期，需要创新思维，从机制建设入手，统筹资源、开放办学、形成合力，从根本上解决职业院校服务乡村振兴动力不足和能力不够的问题。

7.1 机制和社会机制

7.1.1 机制和社会机制的概念

机制一词最早源于希腊文（mechane），原指机器的构造和动作原理。生物学和医学通过类比借用此词意指有机体内部的有序构成及为了维护这种有序状态的顺利运行而进行的某种补养和安排。20 世纪 50 年代，西方经济学首先将这一概念引入经济研究领域，用"经济机制"一词来表示一定经济机体内，各构成要素之间相互联系和作用的关系及其功能。1985 年，中国人民大学郑杭生教授将"机制"一词引入我国社会学研究中,郑教授认为:"(机制)在自然科学中引申为事物或自然现象的作用原理、作用过程及其功能,在社会科学中的引申意义则更复杂。""我们认为机制一词的基本含义有三个,一是指事物各组成要素的相互关系,即结构;二是指事物在有规律性的运动中发挥的作用、效应,即功能;三是指发挥功能的作用过程和作用原理。把这三者综合起来,更概括地说,机制就是'带规律性的模式'。"可见结构、功能、作用过程和作用原理是机制的有机内在构成。本书同意并借用了郑杭生教授对"机制"的含义的界定。

社会系统由若干要素组成,每一个要素都有自己的特定功能,各要素之间相互作用,按照一定的结构联结起来,并按一定的规律运行,形成系统或整体的功能,这样就出现了与自然机制相对应的社会机制(郑杭生教授称之为"社会运行机制")。所谓社会机制,郑教授认为:"它是指人类社会在有规律的运动过程中,影响这种运动的各组成因素的结构、功能及其相互联系,以及这些因素产生影响、发挥功能的作用过程和作用原理,简单地说,也就是社会运行'带有规律性的模式'。"社会机制表现为一种机理,是人类社会运行中的内在机理和内在过程。通过这种"带有规律性的模式"的运行,社会系统的目标才得以成功实现。社会机制相对社会系统而言具有手段和工具的性质,就其目标价值取向来看,社会机制始终服务于社会系统。社会机制构成比较复杂,不同的划分具有不同的结构。如按其作用的领域划分,社会机制可分为经济机制、政治机制、文化机制、心理机制等;按其形成过程划分,社会机制可分为自发机制和人工机制;按其表现形态划分,社会机制可分为显机制和隐机制等。

7.1.2　社会机制的功能

社会机制的功能是指社会机制在社会运行过程中所能发挥的作用和效能。在任何一个社会系统中,社会机制都起着基础性的、根本的作用。一般而言,社会机制具有整合功能、导向功能、控制功能、协调功能等。

(1)整合功能

在社会系统中,系统的各个部分都是特定的功能载体,每一个特定的载体都能发挥特有的功能。社会机制本身并不是一个功能载体,不能单独为社会创造财富,它具有手段和工具的性质。社会机制的特殊作用在于促成社会系统内部的各个要素发挥各自的作用,形成系统的综合效应。通过社会机制自身带有规律性的模式的良性运行，社会系统往往能达到整合各分系统的目的，发挥整体功能大于各部分功能之和的效应。改革开放以来无数事例证明，良好的社会机制将各个分散的部门有序地整合起来，充分发挥了人力、物力和财力的效应，产生了计划经济时期无法想象的良好效果。

（2）导向功能

马克思指出，人是一切社会关系的总和。社会是以人为主体的活动舞台，每个人或集体组织由于受到思想意识、社会目标与社会环境的支配和影响均形成了自身独特的行为方式和价值偏好，而统一并规范这些纷繁复杂的个人行为和集体行为需要一套社会机制来发挥作用。这种社会机制能明确向个人或组织传达目标导向信息，对个人而言，让人们知道哪些事能做，哪些事不能做，哪些事应该怎样做；对组织而言，应明确哪些是组织的正确目标，如何能达到这些正确的目标，如何能更好地实现组织的经济效益与社会效益的有机统一等。因此，社会机制能调整个人或组织的行为，朝着社会期望的方向发展。

（3）控制功能

社会系统各个要素的结构、功能、作用过程和作用原理是社会机制的内在有机构成，社会系统一旦形成某一固有的社会机制，就会发生惯常的作用。正如严家明学者认为，社会机制是"社会系统各个要素间的律动或惯常的作用联系，这种作用联系通过一定的作用形式表现出来，形成系统的综合效应"。社会机制习惯性地维护一定的社会体系，包括指导思想、目标价值、道德规范、文化传统等，它天然地对外来的文化观念、特有的理念和行为方式高度敏感，甚至抵制。当然，这种社会机制并不是永远一成不变的，而是一个淘汰和更新的过程。

（4）协调功能

辩证唯物主义认为，矛盾是普遍存在的。人类社会是一个充满矛盾的整体，任何一个社会系统都是矛盾的存在。人与人、人与社会、人与组织、部门与部门之间在一定程度上都存在这样或那样的冲突和矛盾，社会机制是在一定的社会条件下协调这些矛盾、平衡这些关系的手段。社会机制的协调功能主要体现在以下几个方面：一是运用制度、原则、政策等来规范、平衡社会系统各要素的关系，引导他们做到均衡、有序；二是通过调配等手段，平衡人的需求和资源有限的矛盾，达到最优配置状态；三是通过反馈和预警的自我约束机制，及时查找并发现系统中存在的问题，分析原因，迅速协调，及早解决。

从机制和社会机制的内涵可以看出，结构、功能、作用过程和作用原理是机制有机内在构成，社会机制具有整合、导向、控制、协调等功能，本质上是利益调节、关系平衡以及预警反馈。社会机制是一个泛化的概念，对一个具体单位、具体部门而言，工作机制是社会机制的表现形式，是该单位、该部门顺畅运行的基本保障。精准扶贫与乡村振兴有效衔接是一个系统工程，职业教育不是孤立的存在，它要发挥社会服务功能的作用，而社会功能的作用的发挥需要完善的工作机制，职业院校处在一个比较复杂的系统之中，在乡村振兴过程中，职业院校要与政府、企业、行业协会、村社干部、农民群体打交道，一方面履行服务职能，另一方面实现利益最大化。所以在精准扶贫与乡村振兴有效衔接过程中，需要厘清几组关系，只有厘清关系，才能弥补短板，助推乡村振兴。一是要厘清职业院校与政府的关系，谁来统筹，谁来组织？二是要厘清职业院校与企业、行业协会的关系，如何合作才能更好弥补职业院校能力短板，增强服务效能？三是需要厘清职业院校与村社、群众的关系，如何做好运作才能提升服务效能和群众的满意度？本质上讲，这些问题需要建立一套比较完整的工作机制来回答。

7.1.3 机制框架

本书认为，在精准扶贫工作中，西南地区省级教育主管部门主导职业院校脱贫攻坚，职业院校积极参与、企业行业积极响应、农民群众积极配合，最终形成一种帮扶机制。这种帮扶机制多数是以职业院校捐款捐物、购买农特产品为主要特征的。本质上讲，这种帮扶没有激发群众内生动力，是不可持续的，也是不长久的。从 2021 年起西南省市由相对贫困地区进入了"后扶贫时代"，实施推进乡村振兴战略，在精准扶贫与乡村振兴有效衔接中，西南省市相对贫困地区如何保证已脱贫的群众不返贫？如何逐年稳定提高农民家庭收入？职业院校如何改变过去的帮扶模式，提升服务能力？省级教育主管部门又如何发挥作用？这些都需要认真研究，提前谋划，建立长效的帮扶机制。

本书认为在精准扶贫与乡村振兴有效衔接过程中需要建立以政府为主导、职业院校主动参与、企业行业积极响应、农民群众密切配合的一种运行关系，其中政府主导是统领，把全局、定方向；职业院校和行业企业密切合作，广纳资源，开门办学，发挥优势，紧扣农业生产一线的实际需求，优化人才培养方案；农民群众紧密配合，提升内生动力，及时反馈帮扶效果，农村发展获得最大经济和社会效益。鉴于以上分析，需要在精准扶贫与乡村振兴有效衔接期间统筹规划，建立好六个工作机制：一是统筹管理机制，省级教育部门牵头统筹职业院校乡村振兴工作；二是多元化投入机制，涉及职业院校多元化办学，多元化筹措资金，壮大办学实力，这是做好乡村振兴的基本保障；三是优化人才培养机制，根据产业发展要求，及时动态调整课程内容体系，使人才培养和就业有机对接，这是人才培养的根本；四是多方联动机制，涉及政府、职业院校、企业行业共同协作，整体联动，发挥"1+1>2"的效果；五是信息反馈机制，涉及被帮扶群众对帮扶工作效果的反馈，有利于政府、职业院校改进帮扶方式和措施；六是绩效考核机制，指省级教育主管部门把职业院校参与乡村振兴工作纳入事业单位绩效考核，作为工作的指挥棒，发挥指引作用。总的来看，统筹管理体现的是把握全局、多元化投入体现的是办学保障、多方联动体现的是合作方式、信息反馈体现的是自我纠偏、绩效考核体现的是结果导向。它们之间的关系见图7-1。

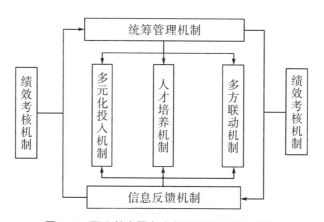

图7-1 职业教育服务乡村振兴工作机制框架

7.2 职业教育服务乡村振兴工作机制内容

从图7-1可以看出，职业教育服务乡村振兴工作机制可以分为统筹管理机制、多元化投入机制、人才培养机制、多方联动机制、信息反馈机制和绩效考核机制。

7.2.1　政府主导，构建职业教育服务乡村振兴的统筹管理机制

职业教育服务乡村振兴是一项综合性系统工程，牵涉面广，工作难度大，需要政府、职业院校、行业协会组织、企业等各类主体共同参与，形成合力，才能真正发挥职业教育在乡村振兴战略实施中的作用。因此，尽快构建职业教育服务乡村振兴的统筹机制，发挥政府的主导作用，协调各类社会主体的行动，使之相互配合、步调统一，这是精准扶贫与乡村振兴有效衔接过程中需要重点考虑的问题之一。

第一，组建高校服务乡村振兴领导机构，作为沟通协调各类社会主体的"主心骨"。只有建立权责明晰、分工明确的组织管理机构，才能确保作为高校的职业院校有序参与。对职业院校而言，省级教育主管部门牵头做好组织工作至关重要，教育部门具有丰富教育资源，行使着考核的权力，在资源调配、人员组建、资金筹措、专业建设、校企合作等方面有独特的优势，政府部门统筹培训机构、行业组织、企业等各类主体具有较强权威性，工作开展效率较高。

第二，加强统筹管理。一是加强资金统筹，政府教育部门协调乡村振兴局提前做好谋划，按照政策规定，向辖区高校（含职业院校，下同）、企业统筹一定资金，做好资金的使用计划，哪些用于产业发展、哪些用于人员培训、哪些用于设施购买，这些都需要统筹使用计划。二是统筹人员。尤其结合相对贫困地区产业发展、农民职业技能提升等需求，分析辖区高校专业、人才培养和企业消费情况，统筹抽调高校专家、教师到村社指导产业结构调整，传授农产品经营等方面的知识，邀请企业专家指导农业生产，组织签订订单协议。三是做好政策统筹。制定高校服务乡村振兴的实施办法，采取购买服务方式，从政策上、物质上给予倾斜，加强对高校、行业协会、企业的支持力度，激励高校、行业协会、企业投入乡村振兴工作之中。

案例：重庆永川区临江镇天星村是相对贫困村，该村在实施乡村振兴过程中，将永川区教委作为对口帮扶的部门，充分发挥辖区职业院校的优势，积极统筹，产生了很好的社会效益。一是成立工作领导小组。该区教委主任亲自抓，分管职教副主任重点抓，他们亲自带队争取资金和项目，指导天星村农业规划和生产。二是统筹发展资金。针对天星村产业发展较弱、集体经济薄弱和农民增收致富困难这一实际情况，邀请职业院校种植专家实地考察，详细分析

地理优势、土壤特点、交通条件等因素，协调在永川的6所高校（含4所职业院校）筹资200万元投入天星村股份联合社，建设产业基地1 000亩。截至2020年年底，产业基地已栽种花椒600亩、特色柑橘200亩、蔬菜200亩。产业基地与农民群众建立了利益联结机制，吸纳相对贫困劳动力20余人常年务工。三是统筹销售渠道。区教委积极协调永川中小学校蔬菜配送平台收购天星村产业基地蔬菜，畅通销售通道。2020年天星村股份联合社已与蔬菜配送平台达成供销协议，销售蔬菜80吨，价值16万元。四是统筹技术服务。区教委邀请重庆文理学院、华辰农业公司、永川农业机械化学校的专家等多次到基地，科学规划，就种植品种选择、整块、施肥、保水等技术进行培训和指导，帮助基地农民科学种植无公害蔬菜，提升农产品质量。五是制定激励政策。永川区委、区政府先后出台《永川区关于加快建设现代职业教育高地的意见》《永川区加快建设现代职教高地24条激励政策实施细则（试行）》等文件，进一步激励在永川的职业院校投入乡村振兴工作中[①]。

7.2.2 互利共赢，构建职业教育服务乡村振兴的多元化投入机制

职业教育要做到有能力服务乡村振兴，首先要有足够的实力，从西南省市职业院校发展情况来看，农村地区的职业教育发展由于受到资金、技术、人才等方面的限制，存在人才培养质量不高、专业优势不显著、师资队伍力量不强、社会认可度不够高等情况，这些限制因素在一定程度上制约了职业教育精准扶贫的能力和质量。因此增强农村地区职业教育办学实力，培养面向广大农村的专业型、技能型、复合型人才迫在眉睫。

第一，明确政府办学定位，创新管理方式。多年来西南省市农村职业教育发展相对滞后，部分依靠政府拨付的教育经费来维持。在相对贫困地区政府财政收入增长缓慢的条件下，如果仍然仅仅依靠政府的单一投入，职业教育服务地方乡村振兴只是一句空话。因此，为了改善农村职业教育办学条件，提升其在乡村振兴工作中的服务效能，需要尽快创新农村职业教育投入体制机制，广纳社会资源参与办学。这需要政府创新管理方式，深化"放管服"改革，加快推进职能转变，由注重"办"职业教育向"管理与服务"过渡。政府主要负责规划战略、制定政策、依法依规监管。

---

① 资料来源：本书课题组到永川区临江镇调研得到的数据。

第二，充分发挥市场作用，多元化办学。要切实贯彻执行《国家职业教育改革实施方案》，结合本地区农业产业发展，围绕农村产业、农产品开发、农产品营销、农业保险、农业科技开发、农业经济管理、智慧农业等领域鼓励相关企业投资办学，创办混合所有制职业院校和乡村产业学院。地方政府应加强调研，出台政策，广纳社会办学资源，积极支持和规范社会力量兴办职业教育，积极探索建立股份制、混合制学校，进一步壮大职业教育办学实力，更好服务地方乡村振兴。

案例：多年来，山东畜牧兽医职业学院积探索混合所有制办学体制机制，形成了产教融合、校企合作的"山牧模式"。一是资本入股。山东畜牧兽医职业学院成立全资的资产运营公司，与省级农业龙头企业股份制合作共建山东惠康饲料公司、心仪动物医院等6家混合所有制独立法人企业，形成紧密型校企合作关系，年产值逾10亿元。二是固定资产入股。山东畜牧兽医职业学院以实训设施和饲料、设备等资产，与企业合作成立检测认证中心，企业业务发展迅速。三是畜禽入股，山东畜牧兽医职业学院以现有的奶牛、家禽折合资本入股，成立山东合力牧业有限公司，现已发展成为省级农业产业化龙头企业。四是无形资产或技术入股。用"牧校炸鸡"商标使用权和炸鸡配方技术作为出资，与企业合作，成立山东牧院天宇食品有限公司。山东畜牧兽医职业学院大胆探索，广泛吸纳社会资源，深度开展校企合作，积极投入乡村振兴，热忱服务农业产业化发展，帮助农民增收致富，已发展成为农村职业教育新高地和乡村振兴齐鲁样板[①]。

7.2.3 因地制宜，优化职业教育服务乡村振兴的人才培养机制

职业院校尤其是农业职业院校要关注农民发展的职业前景，以"可持续发展"为人才培养的导向，根据各区域社会经济发展和产业结构的特点开设符合市场需求的特色专业，因地制宜，培养农村需要的专业型、技能型、复合型人才。

第一，建立信息平台，及时修订人才培养方案。地方乡村振兴局和政府教育部门协商，委托专业机构建立农业人才信息平台，定期发布各类农业人才需

---

① 资料来源：山东畜牧兽医职业学院，探索混合所有制办学"山牧模式"，https：//baijiahao.baidu.com/s？id=1678769743436244418&wfr=spider&for=pc。

求及就业情况，引导农业职业院校修订人才培养方案，及时动态调整课程内容体系，淘汰不合时宜的专业，提高人才培养质量和就业率。

第二，创新教学组织方式。农业职业院校要认真贯彻《教育部办公厅关于做好扩招后高职教育教学管理工作的指导意见》，针对农民生产规律，实施"旺工淡学"的错峰教学，"旺"季以企业实践为主，"淡"季以学校教学为主；对高素质农民、村"两委"委员等，应积极做好"送教下乡""送教上门"，满足个性化学习需求和继续学习的需要，充分发挥职业教育服务乡村振兴的服务效能。

案例：重庆财经职业学院立足人才优势和专业特色，把培养乡土人才作为职业教育助推乡村可持续发展的重要抓手，积极探索"县校共建、校企共育、产教融合"的乡村产业学院模式，着力提升乡村产业人才和新型职业农民等乡土人才素质，助力乡村振兴。重庆财经职业学院因地制宜，不断优化职业教育精准扶贫的人才培养模式。一是量身定制培养。乡村产业学院按照"标准不降、模式多元、学制灵活"的原则，针对生源特点和需求，校企合作量身定制人才培养方案和课程标准，并对课程教学进行基于实际工作场景的模块化改造，探索形成"分类培养、工学交替、多元教学"的人才培养模式。二是减轻学业压力。乡村产业学院对所有就读学生实行免学费就读，向符合家庭经济困难认定的学生发放助学金，减轻就读学生的经济负担。同时采用"工学结合、就地集训、返校精修、半工半读、学分积累"的弹性学制，为就读学生工学矛盾减压。三是创新教学模式。在教学组织上，实施"错峰教学"，开展送教上门；在教学方式上，实施线上线下相结合、园区乡村相呼应的"混合式"教学等；在教育管理上，实施专业知识和实践技能的"双导师制"和"双班主任制"，并建设新农村乡村旅游企业咨询服务站和非物质文化遗产大师工作室等。

7.2.4 整合力量，构建职业教育服务乡村振兴的多方联动机制

职业教育要服务乡村振兴，光靠自身能力还远远不够，需要在政府领导下，采取多方联动，发挥整体合力，才能发挥"1+1>2"的效果。本书认为，多方联动是指政府、职业院校、行业企业、农民群众等各要素群策群力，形成乡村振兴的一股强大合力；多方联动是一个循环的良性系统，是一个闭环，有助于农民群众增收致富和可持续发展。

第一，多方联动是政府领导下多个部门或群体的联动。乡村振兴是一个庞大的系统工程，要构建"政府+职业院校+企业（行业）+农户"合作模式，集中资源，形成合力。多方联动不是一种单纯功能的叠加，而是一种功能互补。政府的作用是组织、指挥、协调、控制，发挥政治引领作用；职业院校的作用是发挥专业、技术和人才优势；企业的作用是发挥市场优势、资金优势；农民群众积极参与，对检验乡村振兴的成效最有发言权。政府、职业院校、行业企业、农民群众形成合力，助推乡村振兴。

第二，多方联动是一个闭环系统。在乡村振兴的过程中，职业院校、企业行业贡献的是知识、技术、资金；农民群众最终得到了是实惠，最看得见的实惠就是农产品，而农产品通过销售最终变现，在这个生产、销售环节，需要企业甚至职业院校全程参与，形成一个良性循环。如重庆市教委一方面组织职业院校投入捐赠资金，支持重庆巫溪县天元乡发展特色产业（如特色水果等），当地农业科技企业给予科技帮扶，传授技术，提高特色水果的产量和品质；另一方面通过高校教职工消费扶贫解决广大农民群众产品销路问题，增强了相对贫困户的造血机能。

案例：2020年以前重庆秀山隘口镇是精准扶贫镇，重庆市商务委牵头进行帮扶，该委整合辖区职业院校和企业资源，寻找帮扶，多方联动，成立隘口镇众志生态农业股份有限公司，建立了虎纹蛙养殖基地，占地113亩，产生了良好经济效益。主要做法：一是职业院校积极参与。重庆市商务委下辖的重庆财经职业学院、重庆商务职业学院、重庆商务技师学院积极捐赠隘口镇虎纹蛙养殖基地建设，其中重庆财经职业学院与秀山县联合举办电商产业学院，帮助农民学习电商知识，进行产品包装、订单销售、掌握营销技能。二是重庆市地方金融管理局筹措资金100多万元帮助建设虎纹蛙养殖基地。三是隘口镇众志生态农业股份有限公司总经理个人筹措资金5万元投入基地建设，重庆农科所养殖专家进行技术指导。四是重庆市商务委通过筹措资金，捐赠配股。除给予隘口镇太阳山村、平所村、富裕村等贫困村配股之外，另外给全镇50户236人未脱贫的贫困户配股。2019年11月众志生态农业股份有限公司养殖取得丰收，拿出52.58万元进行第一次分红，未脱贫的50户236人共分得7.08万元。五是重庆商务技师学院发挥技术优势，针对虎纹蛙开发特色菜品，邀请重庆餐饮协会、烹饪协会负责人带领餐饮企业走进隘口镇采购虎纹蛙，与农家乐协会进行对接，帮助打造隘口镇虎纹蛙品牌①。

7.2.5 强化沟通，构建职业教育服务乡村振兴的信息反馈机制

正如前面所述，精准扶贫与乡村振兴虽然根本目的一致，但由于二者定位不同、涵盖对象不同、措施手段不同以及目标不同，精准扶贫与乡村振兴工作难度、工作任务、工作强度就有很大差异。无论是从量还是从质的角度来看，乡村振兴的信息量都比精准扶贫信息量大得多。职业院校作为服务乡村振兴的不可或缺的一分子，如何让职业院校的服务符合实际，比如参与农业规划是否精准、职业培训是否有针对性、农业科技研发是否满足需要、乡村文化建设是否缺位、农民群众是否满意等，这些重要信息要及时反馈，在大数据时代，地方政府需要构建高校（含职业院校）服务乡村振兴的信息反馈机制，以便及时诊断与改进。

本书认为职业教育服务乡村振兴的信息反馈机制包括反馈主体、反馈渠道、反馈平台和反馈处理四个方面。一是充分尊重被帮扶的群众、村社干部的意见，既要指导，又不能包办；要充分听取被帮扶群众的意见和建议，定期组织满意度测评，组织座谈会、恳谈会听取意见。二是政府教育主管部门牵头开发信息化反馈平台，负责监测职业院校帮扶项目进展情况、所指导的经济作物的长势、扶贫资金使用情况、所培训劳动力就业情况等，职业院校利用平台开展与被帮扶农民、村社干部的互动交流，掌握第一手情况，收集问题及其建议。三是职业院校、企业、政府部门对群众、村社干部反馈问题及时处理，及时纠偏，确保职业教育服务工作按既定的目标开展。

案例：山东滨州打造脱贫攻坚综合信息平台，绘制滨州市"扶贫地图"。2020 年以前该市充分利用信息化，为精准扶贫提供有力的数据支撑。为加快全市扶贫信息电子地图的形成，市扶贫办与滨州日报社所属的滨州加联加信息技术开发公司密切合作、加班加点，成功设计开发了滨州市精准扶贫系统。该系统利用云计算、移动互联网和地理位置技术，建设了一个具有社交功能的大数据平台，不仅可以全面系统掌握全市所有贫困户信息，还能做到对每个贫困户和贫困人口的帮扶措施、项目进度、脱贫情况等随时全程监控，为全市精准

---

① 资料来源：本书课题组到重庆秀山县隘口镇调研得到的数据。

扶贫、精准脱贫、精准施策、精准发力提供可靠数据支撑①。山东滨州应该说率先在全国打造脱贫攻坚综合信息平台，这为职业院校服务乡村振兴，构建信息反馈机制提供了良好经验和借鉴。

7.2.6 强化结果，构建职业教育服务乡村振兴的绩效考核机制

职业教育服务乡村振兴不仅是一项政治任务，更是一种对社会的责任，体现的是社会服务职能。各职业院校要认真贯彻中央和国务院的精神，落实省级教育部门有关服务乡村振兴的指示要求。同时，地方政府教育部门要加强考核。一是在组织机构上，要考核职业院校是否成立服务乡村振兴工作领导小组，是否有工作要点、工作方案和工作举措，是否落实到责任部门和责任人。二是在考核指标上，不能仅仅考核职业院校社会培训收入、科技服务收入以及科技成果数量，还应该把服务乡村振兴工作纳入事业单位发展考核指标或者作为加分指标，以此来调动职业院校服务乡村振兴的积极性。三是在考核结果上，要注重结果导向，对服务乡村振兴工作取得成绩的职业院校要通报表扬，对搞形式主义、官僚主义，表态多不行动的职业院校要通报批评，以此激励更多职业院校服务"三农"，为乡村振兴做出贡献。

案例：西南片区某省级教育部门对职业院校事业发展考核指标包括教学建设与人才培养、科研与创新发展、科研与创新发展、学生管理、国际合作交流等几个方面。其中社会服务涵盖在科研与创新发展中，涉及研发经费投入及增长情况、承担项目数量及增长情况、科研创新平台建设和科研创新活动开展情况，以及创新成果、成果获奖、成果转化情况等。职业教育助力精准扶贫和服务乡村振兴取得成果没有单列指标。本书认为，在乡村振兴大战略背景下，要充分发挥职业院校的社会服务职能，应该典型示范，强化考核，切实改变过去被动服务的局面，积极引导职业院校主动投入"三农"建设之中，为乡村振兴贡献职教界的力量②。

---

① 资料来源：脱贫攻坚综合信息平台绘制滨州市"扶贫地图"，http://binzhou.dzwww.com/bzhxw/201603/t20160302_13919541.htm.

② 资料来源：本书课题组调研得到的结果。

8 举措与建议

前述分析了职业教育服务精准扶贫与乡村振兴有效衔接的机制框架，并对统筹管理机制、多元化投入机制、人才培养机制、多方联动机制和信息反馈机制和绩效考核机制进行了分析。本书认为建立良好的工作机制是职业教育服务精准扶贫与乡村振兴有效衔接的前提条件和根本保证，也是互利共赢、共同发展的最基本要求。良好的工作机制具备整合功能、导向功能、控制功能、协调功能，其运行成效需要合理的政策来配合协调，因此，制定合理有效的政策是机制作用发挥的重要保障。鉴于此，本章就职业教育服务精准扶贫与乡村振兴有效衔接提几点创新举措和政策建议，供学界和政府部门参考。

8.1 政策梳理

近几年，国家层面高度重视精准扶贫和乡村振兴工作，国务院和相关部门纷纷出台政策，全力推进脱贫攻坚，为乡村振兴打下坚实的基础，现将近几年政策进行梳理，如表8-1所示：

表8-1 职业教育服务精准扶贫与乡村振兴政策汇总（2017—2021年）

年月	文件名称	职业教育服务内容	政策支持
2017.5	财政部《关于开展田园综合体建设试点工作的通知》	参与田园综合体建设	财政支持
2017.5	财政部、农业部《关于深入推进农业领域政府和社会资本合作的实施意见》	—	—

表8-1(续)

年月	文件名称	职业教育服务内容	政策支持
2017.6	国家农业综合开发办公室《关于做好2018年农业综合开发产业化发展项目申报工作的通知》	—	—
2017.12	自然资源部《国家发展改革委关于深入推进农业供给侧结构性改革做好农村产业融合发展用地保障的通知》	发展休闲农业、乡村旅游、农业教育等	土地支持
2018.1	中共中央 国务院《中共中央国务院关于实施乡村振兴战略的意见》	大规模开展职业技能培训,实施新型职业农民培育工程	项目支持
2018.3	国务院办公厅《关于促进全域旅游发展的指导意见》	积极推进涉旅行业全员培训;优化职业教育专业设置	强化人才保障、专业设置
2018.4	文化和旅游部、财政部《关于在旅游领域推广政府和社会资本合作模式的指导意见》	—	—
2018.9	中共中央 国务院《乡村振兴战略规划(2018—2022年)》	大力发展面向农村的职业教育,加快推进职业院校布局结构调整,加强县级职业教育中心建设,有针对性地设置专业和课程,满足乡村产业发展和振兴需要	优先发展农村教育事业
2018.9	财政部《贯彻落实实施乡村振兴战略的意见》	大力支持职业教育改革发展	财政支持
2018.10	教育部《高等学校乡村振兴科技创新行动计划(2018—2022年)》	加快构建高校支撑乡村振兴的科技创新体系,全面提升高校乡村振兴领域人才培养、科学研究、社会服务、文化传承创新和国际交流合作能力,为我国乡村振兴提供战略支撑	财政支持项目支持土地支持

表 8-1（续）

年月	文件名称	职业教育服务内容	政策支持
2018.10	多部门关于印发《促进乡村旅游发展提质升级行动方案（2018 年—2020 年）》的通知	加大本地乡村旅游带头人培养力度，建立健全对口帮扶制度，探索通过政府购买服务等方式对本地乡村旅游从业人员定期开展服务技能、市场营销等培训	财政支持
2018.12	农业农村部、国家发改委、财政部等六大部门《关于开展土地经营权入股发展农业产业化经营试点的指导意见》	—	—
2019.1	中共中央　国务院《关于坚持农业农村优先发展做好"三农"工作的若干意见》	加强就业服务和职业技能培训，促进农村劳动力多渠道转移就业和增收；支持建立多种形式的创业支撑服务平台，在完善乡村创新创业支持服务体系	财政支持 金融支持
2019.6	国务院《关于促进乡村产业振兴的指导意见》	加强乡村工匠、文化能人、手工艺人和经营管理人才等创新创业主体培训，提高创业技能；加大农民技能培训力度，支持职业学校扩大农村招生	财政支持
2020.2	农业农村部《关于落实党中央、国务院 2020 年农业农村重点工作部署的实施意见》	实施农村实用人才带头人和高素质农民培育计划，突出产业导向开展分层分类培训。实施百万高素质农民学历提升计划，创建 100 所乡村振兴人才培养优质校，推动农民培训和学历教育贯通培养	财政支持 项目支持
2020.12	中共中央　国务院《关于实现巩固拓展脱贫攻坚成果同乡村振兴有效衔接的意见》	加强脱贫地区职业院校（含技工院校）基础能力建设	长效机制

表8-1(续)

年月	文件名称	职业教育服务内容	政策支持
2021.1	中共中央　国务院《关于全面推进乡村振兴加快农业农村现代化的意见》	面向农民就业创业需求,发展职业技术教育与技能培训,建设一批产教融合基地。开展耕读教育。加快发展面向乡村的网络教育。加大涉农高校、涉农职业院校、涉农学科专业建设力度	优先发展涉农职业教育
2021.2	中共中央办公厅　国务院办公厅印发《关于加快推进乡村人才振兴的意见》	鼓励高等学校、职业院校开展传统技艺传承人教育,培育乡村工匠。鼓励各地遴选一批高等职业学校,按照有关规定,根据乡村振兴需求开设涉农专业,支持村干部、新型农业经营主体带头人、退役军人、返乡创业农民工等,采取在校学习、弹性学制、农学交替、送教下乡等方式,就地就近接受职业高等教育,培养一批在乡大学生、乡村治理人才	人才支持
2021.4	《中华人民共和国乡村振兴促进法(草案)》	国家加强农业技术推广体系建设,促进建立有利于农业科研成果转化推广的激励机制和利益分享机制,鼓励企业、高等院校、职业学校、科研机构、农民合作社等创新推广方式,开展农业技术推广服务	法律支持

　　笔者通过百度搜索引擎搜索并梳理了近四年国务院及其相关部委有关精准扶贫和乡村振兴的重要文件,从文件内容来看,绝大多数文件对职业教育有充

分的定位，职业教育在精准扶贫与乡村振兴过程中发挥着人才培养、科学研究、社会服务、文化传承等重要职能。由于文件本身具有的属性，对职业教育服务精准扶贫与乡村振兴的工作目标、工作内容和工作重点等没有重点阐述，具体工作措施也没有体现，但职业教育对乡村发展的作用是不容置疑的。2020年是我国全面打赢脱贫攻坚战的收官之年，乡村振兴战略目前正处于由顶层设计、整体规划转向具体对待、微观施策的过渡期，在这个有效衔接期内，国务院及其相关部委有关精准扶贫和乡村振兴的个别文件可能调整甚至废止，但绝大多数文件仍然具有较强的指导价值。本书认为要做好精准扶贫与乡村振兴有效衔接，职业教育仍然可以从人才培养、科学研究、社会服务、文化传承四个维度来发力，但需要政府找准现实短板，进一步完善政策，用活机制，细化举措，确保职业教育发挥实实在在的作用。

8.2 举措

8.2.1 创新人才培养和培训模式，培养乡村急需人才

从前面几章的分析可以看出，乡村振兴一要靠资金投入，二要靠人力资本，最主要的是人才，可以说加快本土人才培养、大力引进人才、培养新型职业农民是精准扶贫与乡村振兴有效衔接过程中需要解决的重大问题。以往在人才培养和培训方面存在缺乏统筹、职业院校动力不足、职业培训效果不佳等诸多问题，要改变这种现状，一是创新管理模式。省级教育主管部门协商乡村振兴局，充分征求基层地方政府意见，做好全年职业培训的统筹与规划，研究培训对象、培训内容、培训重点和具体培训任务，出台全年职业培训工作要点；要合理整合职业院校、农科所、农业大学等培训资源，根据农村地区资源禀赋、产业特点、人口状况、区位条件等开展分类职业培训，提升职业培训的针对性。二是创新互利共赢模式。切实解决职业院校动力不足的问题。在这方面西部一些职业院校进行了有益探索。如在高职扩招的背景下，一些职业院校办学资源紧缺，而当地政府又存在校舍等闲置、乡村人才短缺的问题，在这样一种背景下，职业院校与地方政府合作兴办产业学院，如重庆财经职业学院先后与秀山县、城口县、垫江县合作相继建成落地重庆财经职业学院秀山电商产业

学院、城口乡村振兴学院、渝东数字经济产业学院，开启西部第一个与地方政府联动、面向教育扶贫的实体化合作办学新模式。乡村产业学院面对退役军人、下岗失业人员、农民工和新型职业农民等"四类人员"和贫困户、下乡返乡创业、致富带头人、乡村干部等人员开展精准分类招生，着力服务乡村振兴需要的技术技能人才①。

8.2.2　创新资源整合模式，增强职业院校服务能力

目前职业院校尤其是农业职业院校服务乡村振兴还存在能力不足、服务效果不佳等问题。如果光靠农业职业院校单打独斗，服务乡村振兴的效果会大打折扣，职业院校不能仅停留在自己的一亩三分地。在精准扶贫与乡村振兴有效衔接过程中，西南省市一些已脱贫人口中部分还存在着返贫风险，在有些已脱贫的地区，农村人才缺乏、产业基础薄弱、农产品缺乏市场竞争优势、农民自身就业不太稳定，这些是过渡期普遍存在的现象，可见任务十分艰巨，职业院校要发挥作用必须整合资源。要多元化投入办学，探索建设混合所有制学院，目前山东省教育厅联合相关部门正在进行试点②，这为提升职业教育多元化办学格局，优化职业教育供给有非常重要的指导意义。建议西南地区省级教育主管部门联合发改委、编制办、人社厅、税务局等部门充分调研，以若干所公办农业职业院校为依托，面向相对贫困农村地区分类分区域建设若干所混合所有制学院，主要职能是服务乡村振兴。在政府的大力支持下，职业院校和企业等社会力量既可以合作举办职业院校、二级学院、农业技术技能培训基地、农业生产性实训基地，也可以合作开展涉农专业、农业生产与管理等培训。混合所有制学院有独立章程，有独立的人事任免程序，有完善治理结构，政府给予支持，职业学院和企业等社会力量互利共赢，共同助推乡村振兴。

8.2.3　创新职业院校服务新模式，放大职业院校服务效能

精准扶贫与乡村振兴有效衔接过程中，需要认真规划职业院校服务新模式，切实改变过去那种被动的服务方式，通过搭建平台，整合力量，主动融入

---

① 资料来源：本书课题组到重庆秀山县调研所得。
② 资料来源：《山东省教育厅等 14 部门关于推进职业院校混合所有制办学指导意见（试行）》。

乡村振兴，这是精准扶贫与乡村振兴有效衔接过程需要弥补的一个短板。具体措施有以下三个：一是规划建设职业院校乡村振兴示范基地。西南地区省级教育主管部门要遴选一批农业职业院校，采取校地、校企共建等形式，在特色农产品生产区、粮食生产功能区，突出建设一批职业院校乡村振兴示范基地，发挥农业职业院校技术研发、生产等优势，放大职业院校服务效能。二是规划建设职业院校乡村振兴创新联盟。西南地区省级教育部门要大力支持职业院校或农业大学与地方龙头企业、农科院以及地方政府深度合作，建立产学研联盟。构建农业科技研发、科技孵化、实验检验、专利申请为一体的成果转化体系，如特色农产品生产区、粮食生产功能区，建立专家教授联系制度，建立教授工作站、博士后工作站，真正把学问写在田间地头。三是规划建设职业院校大学生创新创业基地。西南地区省级教育主管部门要结合"互联网+"大学生创新创业大赛，组织开发"互联网+农业"赛道，紧紧围绕农业产业发展、技术服务、农业经营管理、农村合作社建设、电子商务等开展创新创业实践，促进产学研用融合发展，不断提升职业院校服务乡村振兴的能力和水平。

8.2.4 创新乡村振兴信息化平台，提升服务乡村振兴效率

精准扶贫与乡村振兴的根本目标是一致的，但精准扶贫针对的是个体，消除的是绝对贫困，而乡村振兴针对的是整体，覆盖相对贫困地区，消除的是相对贫困。无论从量还是从质的角度来看，乡村振兴的信息量比精准扶贫信息量大得多，需要构建一个新的信息化平台来服务乡村振兴。在精准扶贫与乡村振兴有效衔接过程中，需要有互联网的思维，创新性筹划乡村振兴信息化平台，以适应繁重的信息收集、整理、分析、考核、监控、互动的工作。村社干部、群众通过下载 App 直接进入平台进行互动。建议省级教育主管部门联合乡村振兴局组织开发服务乡村振兴信息化平台。该平台建立后可以全面收集职业院校服务乡村振兴的情况，包括信息发布、产业规划、产业发展、捐赠资金使用、职业培训、产品销售、群众满意度等。省级教育主管部门可以随时掌握某一地区产业发展情况、捐赠资金使用是否合理、职业培训效果如何、群众对职业院校服务质量满意程度，并有针对性地进行督导和改进。

8.3 建议

8.3.1 加大财政投入力度

精准扶贫与乡村振兴有效衔接过程中，相对贫困地区政府、职业院校、企业在不断探索合作建设产业学院、混合所有制学院，对于非营利性的产业学院和混合所有制学院，省级教育主管部门、发改委、财政厅等应协商给予财政支持，注入血液和动力，非营利性的产业学院和混合所有制学院与公办院校享有同等权利申报财政专项，收到的财政拨款应进行专项核算。

8.3.2 加大涉农项目倾斜

精准扶贫与乡村振兴有效衔接为乡村振兴创造必要条件，需要弥补自身短板，比如职业院校联合农科所等承担新型职业农民培育、建立职业院校乡村振兴示范区、建设职业院校乡村振兴创新联盟、建立教授工作站、博士后工作站等，都需要省级教育部门协商乡村振兴局等部门结合本区域实际情况设置申报项目，并给予资金支持，积极动员农业职业院校教师参与进来，主动作为。

8.3.3 加大产教融合支持力度

乡村振兴核心是产业振兴，职业院校参与乡村振兴，就应该改变过去小打小闹的局面，真正把课堂搬到田间，搬到农业合作社。省级教育主管部门和财政部门要支持农业合作社、龙头企业与职业院校开展深度合作，每年遴选一批产教融合型企业，并给予资金资助，真正建设一批"校中厂""厂中校"，建立一批企业技术中心、孵化基地、职工培训中心，面向农业一线需求，开展校企协同创新。

8.3.4 加大税收减免力度

精准扶贫与乡村振兴有效衔接需要做好制度谋划，当前要抓好税收减免，更好调动职业院校和其他社会资源投入乡村振兴。对于混合所有制学院按照国家有关规定享受税收优惠政策，对于对非营利性的产业学院与公办院校享有同样待遇；对于职业院校科研团队参与农村技术研发、农业生产，面向退役军人、下岗失业人员、农民工和新型职业农民等开展职业技术培训所获得收益也可以按照国家有关规定享受税收优惠政策。

8.3.5　加大考核奖励力度

职业教育参与乡村振兴体现了教育的一种社会责任，在迈向乡村振兴的征途上，要切实改变过去职业院校"被动命令式"的扶贫方式，省级教育部门要认真研究职业院校考核体系，要把职业院校社会服务职能作为今后一种重要的考核内容，在考核体系中赋予一定的权重。同时要设立高校服务乡村振兴专项奖励，每年要表彰一批在乡村振兴过程中表现突出的优秀个人和集体，对搞形式主义、官僚主义，表态多不行动的高校要通报批评，以此形成全社会参与乡村振兴的良好氛围。

参考文献

蔡金鑫，王广斌，2018. 关于农业产业化与农村产业融合发展关系分析 [J]. 农家参谋 (9)：24.

蔡树之，2018. 论农村教育存在的问题及解决措施 [J]. 当代教育实践与教学研究 (11)：41-42.

陈柏林，杨乃彤，2018. 职业教育精准扶贫机理分析与"造血"能力构建 [J]. 职教论坛 (9)：149-153.

陈建录，曹学玲，2016. 韩国城镇化中的新村教育及对我国农民培训的启示 [J]. 中国职业技术教育 (23)：38-40.

陈小燕，2019. 多元耦合：乡村振兴语境下的精准扶贫路径 [J]. 贵州社会科学 (3)：155-159.

陈艺娇，2016. 信息进村助力"三农"新跨越 [J]. 农家参谋 (12)：6-7.

陈子宇，李骁峰，王妍，等，2019. 我国农业产业化发展存在的问题及对策研究 [J]. 农家参谋 (21)：12-13.

崔玲爱，2018. 乡风文明在乡村振兴战略中的作用发挥思考 [J]. 商情 (2)：292.

董锦云，2015. 我国农业现代化发展存在的问题及对策研究 [J]. 内蒙古科技与经济 (13)：5-6.

豆书龙，叶敬忠，2019. 乡村振兴与脱贫攻坚的有机衔接及其机制构建 [J]. 改革 (1)：19-29.

杜育红，杨小敏，2018. 乡村振兴：作为战略支撑的乡村教育及其发展路径 [J]. 教育文化论坛，10 (3)：137-138.

朵顺英，2020. 农业产业化与农村产业融合发展的相关性分析 [J]. 农业工程技术，40 (2)：2-3.

方晓红，2018. 加快促进农村一、二、三产业融合发展探析 [J]. 农村经济与科技，29（19）：15-17.

方跃平，2019. "双一流"建设背景下高等教育价值的当代建构 [D]. 徐州：中国矿业大学.

房沫含，2016. 黑龙江省家庭农场发展的影响因素及对策研究 [D]. 哈尔滨：东北农业大学.

甘文华，2019. 南京精准脱贫攻坚与乡村振兴战略耦合机制研究 [J]. 中共南京市委党校学报（1）：106-112.

高强，2019. 脱贫攻坚与乡村振兴有机衔接的逻辑关系及政策安排 [J]. 南京农业大学学报（社会科学版）（5）：15-23.

高文涛，郝文武，2018. 教育对村民脱贫致富究竟有多大作用：丝路沿线国家级贫困县村民脱贫致富与受教育状况关系调查研究 [J]. 教育与经济（6）：25-32，64.

高岳涵，2018. 西北民族地区职业教育服务精准扶贫路径研究 [J]. 中南民族大学学报（人文社会科学版）（6）：57-60.

郭晓鸣，高杰，2019. 脱贫攻坚与乡村振兴政策实施如何有效衔接 [J]. 理论导报（9）：60-62.

国家统计局，2019. 今年上半年经济总体平稳 GDP 同比增长 6.3% [J]. 中国包装，39（9）：9.

国务院办公厅，1986. 关于转发贫困地区经济开发领导小组第二次全体会议纪要的通知 [J]. 中华共和国国务院公报（23）：682-683.

国务院贫困地区经济开发领导小组，1990. 关于九十年代进一步加强扶贫开发工作的请示 [J]. 中华共和国国务院公报（5）：145.

韩俊，2018. 实施乡村振兴战略 奋力开创新时代"三农"工作新局面 [J]. 时事报告（党委中心组学习），（2）：98-112.

何秀荣，2020. 加快培育发展家庭农场：《新型农业经营主体和服务主体高质量发展规划（2020—2022 年）》解读 [J]. 中国农业文摘：农业工程，32（3）：3-3.

胡建华，廖为花，2020. 乡村振兴视域下农村教育扶贫的完善路径 [J]. 江西理工大学学报，41（6）：98-103.

黄建荣，韦彩玲，2015. 保障农民权益：农村土地政策演进特征与启示

［J］．学术论坛，38（5）：123-126.

黄卫平，彭刚，2003.发展经济学［M］．成都：四川人民出版社：227-228.

黄遵应，2019.基于全面建成小康社会的现代化强国建设研究［J］．黑河学院学报，10（5）：3-5.

贾海刚，2016.职业教育服务精准扶贫的路径探索［J］．职教论坛（25）：70-74.

贾晋，尹业兴，2020.脱贫攻坚与乡村振兴有效衔接：内在逻辑、实践路径和机制构建［J］．云南民族大学学报（哲学社会科学版）（5）：68-74.

姜正君，2020.脱贫攻坚与乡村振兴的衔接贯通：逻辑、难题与路径［J］．西南民族大学学报（人文社会科学版），41（12）：107-113.

蒋冬梅，2016.煤炭城市地：矿冲突分析及其调控研究［D］．徐州：中国矿业大学.

蒋和平，王克军，杨东群，2019.我国乡村振兴面临的农村劳动力断代危机与解决的出路［J］．江苏大学学报（社会科学版），21（1）：28-34.

兰芳，刘浩杰，何楠，2021.精准扶贫、人力资本与乡村振兴：基于河北省11个地级市的实证检验［J］．经济与管理，35（01）：36-43.

黎玉明，2019.乡村振兴背景下粤西"年例"文化传承发展策略［J］．岭南师范学院学报，40（5）：44-49.

李国江，2019.乡村文化当前态势、存在问题及振兴对策［J］．东北农业大学学报（社会科学版），17（1）：1-7.

李静，2019.乡村振兴视域下的乡村文化发展［J］．农村经济与科技（15）：280-281.

李俊衡，颜汉军，2019.乡村振兴战略下职业教育精准扶贫的机理、目标逻辑与路径［J］．教育与职业（20）：12-18.

李莉，冀晓燕，2019.乡村振兴战略背景下乡村文化建设与职业教育分析［J］．农家参谋（19）：32.

李鹏，朱成晨，朱德全，2017.职业教育精准扶贫：作用机理与实践反思［J］．教育与经济（6）：76-82.

李思经，牛坤玉，钟钰，2018.日本乡村振兴政策体系演变与借鉴，世界农业（11）：83-85.

李素素，孙黎，2018. 职业教育对接精准扶贫的耦合机理与政策驱动[J]. 职教论坛（15）：20-27.

李祥，韩秋茹，2018. 乡村职业教育服务乡村振兴的境遇、定位与出路[J]. 当代职业教育（4）：17-21.

李兴洲，赵陶然，2019. 职业教育促进精准扶贫与乡村振兴建设的比较优势探析[J]. 中国教育发展与减贫研究（1）：62-77.

李尧磊，余敏江，2019-10-16（7）. 乡村振兴与精准扶贫的战略关联[N]. 中国社会科学报.

廉俤，2017. 职业教育助力精准扶贫研究现状与反思[J]. 教育科学论坛（33）：67-72.

梁宇坤，梁宁森，2020. 职业教育精准扶贫：政策表达、基本经验与优化路径[J]. 中国职业技术教育（16）：54-58.

廖文梅，虞娟娟，袁若兰，2020. 脱贫攻坚与乡村振兴的耦合协同性：基于不同时序脱贫县（市）的比较[J]. 中国人口·资源与环境（10）：132-142.

林夕宝，余景波，周鹏，2019. 乡村振兴战略背景下的高职院校人才培养探讨[J]. 高等职业教育探索，18（3）：19-24.

刘冰，吴佳宣，王俪臻，2020. 推进脱贫攻坚与乡村振兴有效衔接：基于江苏省M县的经验研究[J]. 社会治理（12）：75-80.

刘芳震，2018. 把发展产业作为脱贫攻坚根本之策[J]. 农民科技培训（6）：35.

刘灵鸽，2018. 农村中学课堂乡土文化融入现状研究[D]. 天津：天津师范大学.

刘瑞明，2017. 浅论我国"三农"问题现状及对策[J]. 农技服务，34（8）：199.

柳一桥，2018. 德国农业职业教育对我国新型职业农民培育的启示，农业经济（4）：64-66.

卢华，2021. 乡村振兴背景下新型职业农民培育研究[J]. 教育与职业（1）：96-100.

鲁明月，2019. 精准脱贫与乡村振兴有效衔接路径研究[J]. 乡村科技（15）：12-13.

吕莉敏，2018. 乡村振兴背景下新型职业农民培育策略研究 [J]. 职教论坛（10）：38-42.

马建富，李芷璇，2020. 乡村振兴背景下农村职业教育的价值取向与改革框架 [J]. 职业技术教育（33）：7-14.

马建富，2018. 乡村振兴战略实现的职业教育机会与应对策略 [J]. 中国职业技术教育（18）：5-11.

潘璠，2019. 高校创业文化培育研究 [D]. 南昌：东华理工大学.

彭晓红，2017. 职业教育精准扶贫的立论依据、困境与出路 [J]. 教育与职业（24）：15-21.

饶丽，卢德生，2018. 我国职业教育反贫困研究：现状与反思 [J]. 当代职业教育（3）：40-44.

荣琦，2019. 转型背景下 K 集团产教融合职业培训体系构建 [D]. 昆明：云南师范大学.

石丹淅，2019. 新时代农村职业教育服务乡村振兴的内在逻辑、时间困境与优化路径 [J]. 教育与职业（20）：5-11.

时希望，2015. 马克思主义就业理论视阈下的选调生职业倦怠问题研究 [D]. 武汉：华中农业大学.

宋洪远，2019. 农村工作体制机制改革及经验启示 [J]. 农村工作通讯（1）：32-34，2.

孙昌乾，2019. 建立健全城乡融合发展的体制机制和政策体系 [J]. 经济研究导刊，（24）：150-151.

孙莉，2018. 乡村振兴战略下农村职业教育的改革与创新发展 [J]. 教育与职业（13）：5-11.

孙馨月，陈艳珍，2020. 论脱贫攻坚与乡村振兴的衔接逻辑 [J]. 经济问题（9）：12-17.

谭九生，胡伟强，2021. 接续推进全面脱贫与乡村振兴有效衔接的路径探析：基于湖南湘西州 18 个贫困村的田野调查 [J]. 湘西大学学报（哲学社会科学版）（1）：31-36.

腾春燕，肖静，2017. 职业教育精准扶贫的现实要义、原则及发展指向 [J]. 教育与职业（23）：36-43.

汪三贵，冯紫曦，2019. 脱贫攻坚与乡村振兴有机衔接：逻辑关系、内涵

与重点内容 [J]. 南京农业大学学报（社会科学版）（5）：8-14.

王大江，孙雯雯，闫志利，2016. 职业教育精准扶贫：理论基础、实践效能与推进措施 [J]. 职业技术教育（37）：47-51.

王冬梅，2019. 职业教育精准扶贫脱贫的可持续发展探析 [J]. 现代商贸工业（33）.

王璠，2013. 新型城镇化与新农村建设同步发展研究 [C] //中国农业经济学会. 中国农业经济学会.

王官燕，林克松，2020. 嵌入、脱嵌与再嵌：贫困县职业教育服务乡村振兴的逻辑、困局及突破 [J]. 职业技术教育（7）：60-65.

王国丽，罗以洪，2021. 打赢脱贫攻坚战与实施乡村振兴战略衔接耦合机制研究 [J]. 农业经济（1）：35-37.

王平，岳运红，刘晋宜，等，2018. 四川省农村新产业新业态用地保障的思路与建议 [J]. 资源与人居环境（1）：6-9.

王雅鹏，吕明，范俊楠，等，2015. 我国现代农业科技创新体系构建：特征、现实困境与优化路径 [J]. 农业现代化研究，36（2）：161-167.

王云清，2020. 新型职业农民产教融合培育模式的建构与创新实践 [J]. 中国职业技术教育（36）：53-57.

王泽，2019. 乡村振兴战略下山西传统村落美丽乡村建设研究 [D]. 太原：山西财经大学.

魏后凯，2020. 如何实现全面脱贫与乡村振兴有效衔接 [J]. 山东经济战略研究（4）：45-47.

魏俊杰，2019. 基于城镇化和产业化互动的村域经济发展研究：以东阳市花园村为案例 [D]. 金华：浙江师范大学.

吴一鸣，2019. 乡村振兴中职业教育的"角色"担当 [J]. 现代教育管理（11）：106-110.

吴雨龙，2020. 职业教育与脱贫攻坚乡村振兴的对接探索 [J]. 农业与技术，40（11）：158-159.

习近平，2018. 扎实推进脱贫攻坚 [J]. 农村工作通讯（5）：5-6.

习近平，2021. 习近平在全国脱贫攻坚总结表彰大会上的重要讲话 [M]. 北京：人民出版社.

肖友，邓仁，苗蕾，等，2019. 乡村振兴战略背景下发展农业机械化的对

策探析 [J]. 企业技术开发, 38 (4): 94-96.

杨成明, 张棉好, 2015. 我国古代农业职业教育发展史述略 [J]. 职教论坛 (4): 91-96.

尹象政, 2018. 农村劳动力流失问题的探讨 [J]. 消费导刊 (44): 220.

尹骁, 王明宇, 2015. 大数据时代下"三农"问题新思路的探讨与分析 [J]. 电子商务 (8): 3-4.

袁坤, 2020. 脱贫攻坚与乡村振兴有机衔接的逻辑及机制构建 [J]. 三峡大学学报 (人文社会科学版) (2): 49-53.

袁隆平, 2017. 爱农业, 懂技术, 善经营做新型职业农民简 [J]. 新湘评论 (19): 1-1.

曾小兰, 朱媛, 2017. 职业教育精准扶贫的定位、模式及推进策略 [J]. 教育与职业 (19): 5-11.

张傲雪, 2016. 村域发展环境视角下的烟台城乡产业融合问题探析 [D]. 烟台: 烟台大学.

张海鹏, 2019. 中国城乡关系演变 70 年: 从分割到融合 [J]. 当代中国史研究, 26 (3): 153.

张俊生, 2002. 国外水库移民的费用补偿 [J]. 世界经济与政治论坛, (6): 94-95.

张凌雯, 2018. 营口港区建设中职业技能型人才培养政策研究 [D]. 沈阳: 沈阳师范大学.

张琦, 2019. 稳步推进脱贫攻坚与乡村振兴有效衔接 [J]. 人民论坛, 8 (下): 83-86.

张赛群, 2021. 精准扶贫与乡村振兴战略: 内在关联和有效衔接 [J]. 武汉科技大学学报 (社会科学版) (2): 188-193.

张孝德, 2013. 生态文明视野下中国乡村文明发展命运反思 [J]. 行政管理改革 (3): 27-34.

张孝德, 2015. 新文明观: 乡村, 城市平等观——乡村文明复兴引领生态文明新时代 [J]. 中国农业大学学报 (社会科学版) (32): 18-30.

张孝德, 2014. 新型城镇化与生态文明: "记得住乡愁"的城镇化与有根的中国梦 [J]. 绿叶 (12): 4-11.

张旭刚, 2018. 农村职业教育服务乡村振兴: 实践困境与治理路径 [J].

职业技术教育（10）：59-64.

张亚丽，2020. 精准扶贫与乡村振兴中产业有效对接研究：以甘肃省定西市为例［J］. 湖北职业技术学院学报，23（4）：5-9.

张宜红，万欣，2020. 统筹推进脱贫攻坚与乡村振兴相衔接：内在逻辑及政策选择［J］. 农业考古（1）：250-258.

张智慧，2019. 新乡市新乡贤文化推进乡村治理研究［D］. 重庆：西南大学.

郑风田，2020. 习近平精准扶贫思想的内涵与脉络［J］. 人民论坛（2）：12-15.

郑又贤，2020. 习近平关于脱贫致富重要论述的主要理论创新［J］. 中国福建省委党校（福建行政学院）学报（1）：48-55.

周盼盼，2015. 家里家外：农村妇女主体意识的考察：重庆两个村庄的个案研究［D］. 武汉：华中农业大学.

周维，2019. 乡村振兴战略视角下乡土文化的传承困境与重构策略研究［D］. 重庆：西南大学.

周永平，姜伯成，谭绍华，等，2018. 重庆市职业教育发展现状调查［J］. 重庆高教研究，6（1）：20-30.

朱爱国，李宁，2016. 职业教育精准扶贫策略探究［J］. 职教论坛（1）：16-20.

朱成晨，闫广芬，朱德全，2019. 乡村建设与农村教育：职业教育精准扶贫融合模式与乡村振兴战略［J］. 华东师范大学学报（教育科学版）（2）：127-134.

朱德全，石献记，2021. 职业教育服务乡村振兴的技术逻辑与价值旨归［J］. 中国电化教育（1）：41-49.

朱海波，聂凤英，2020. 深度贫困地区脱贫攻坚与乡村振兴有机衔接的逻辑与路径［J］. 南京农业大学学报（社会科学版）（3）：15-25.

庄虔友，2020. 脱贫攻坚与乡村振兴有效衔接的林西经验［J］. 实践（思想理论版）（10）：41-43.

BALOGH, THOMAS, 1964. The economics of educational planning：Sense and nonsense［J］. Comparative Education, 1（1）：5-17.

DAVD SPIELMAN, JAVIER EKBOIR, 2008. An innovation systems perspective on strengthening agricultural education and training in Sub-saharan Africa［J］.

Agricultural Systems, 98 (1): 1-9.

JOHNSON P A, INGLE W K, 2008. Why levy efforts pass or fail: Lessons from Ohio school superintendents [J]. Executive Educator (10): 67-79.

MANFRED WALLENBOM, 2009. The impact of vocational education and on poverty reduction, quality assurance and mobility on regional labour markets-selected EU-funder schemes [J]. European Journal of Vocational Training (29): 151-179.

SKOLNIK M L, 2012. The OECD 2012 economic survey of Canada and the relationship between higher education and productivity [J]. College Quarterly (15): 6.

SUE KILPATRICK, 2000. Education and training: Impacts on farm management practice [J]. The Journal of Agricultural Education and Extension, 7 (2): 2-25.

THOMAS F COOLEY, BRUCE D SMITH, 1998. Financial markets, specialization, and learning by doing [J]. Research in Economics (3): 52-61.

VILDAN SERIN, 2009. Effects of formal education and training on farmers income [J]. European Journal of Social Sciences (1): 45-58.

后　记

　　我在湖北省浠水县公安局工作期间曾被党组织选派到乡镇任镇长助理，在乡镇工作两年多，对"三农"工作有一些体会和感悟，对农业农村发展也有一些思考。后由于工作变动，开始从事职业教育工作，一晃已近10年。这些年里我除了从事教育教学管理工作之外，还开始大量接触职业教育服务精准扶贫与乡村振兴方面的工作，并主持或主研多项省级以上课题，对农业农村发展的感悟较深。众所周知，职业教育具有人才培养、科学研究、社会服务、文化传承和国际交流合作5个方面的职能，在精准扶贫工作中有着非常重要的作用，它在提升农民职业技能、促进产业转型升级、建设乡村文化等方面发挥了不可替代的作用。2020年是我国脱贫攻坚的收官之年，国家转向实施乡村振兴战略，规划用5年的时间完成精准扶贫与乡村振兴的有效衔接，在这个过渡期，职业教育面临的机遇和挑战是什么？存在的痛点和堵点是什么？要建成何种机制？到底应该发挥什么作用？这些问题都是崭新的课题，也很值得研究，这就触发了我和我的团队写作的初衷，我们希望留下哪怕是一点点有价值的研究，以助推乡村振兴。

　　在本书的写作过程中，绵阳职业技术学院苟安经博士、重庆城市职业学院沈霞博士、宜宾学院王浩博士、西北政法大学夏支平博士等对写作提纲提出了非常好的建议，使我受益匪浅。我团队的两名成员非常优秀，他们不仅多次参与本书写作大纲的讨论，还认真完成所分配的任务，让我非常感动。左燕老师工作敬业，写作功底扎实，在怀孕期间和我一起修改调查问卷，利用暑期休息时间走访调研，分析数据，在坐月子期间加班加点完成了6万余字的写作任务；章君老师严谨细致，一丝不苟，善于思考，按时完成了部分文献资料收集、汇总等以及2万余字的写作任务。这两位年轻老师的敬业精神和治学态度值得我学习。

在写作的过程中，繁重的行政工作使我几乎无法分身，我曾一度想放弃该书的写作，但是倔强的性格使我毅然前行，我只有利用周末、节假日和工作日的晚上静下心来写作，这是我难得的宝贵时光。我不是一个合格的父亲，儿子的高中学业我无法关照，家长会我也很少参加，好在我的妻子毕娟比较理解我、支持我。儿子高考不负众望，取得了令人满意的好成绩，这是我一生中最欣慰的事。

在本书的写作过程中，我校党委书记胡尚全给予了我很大支持，经常提醒我要认真研究，加强调研，并时常关注进展情况。党政办余长江科长是我校青年才俊，为本书写作收集了一手资料，并进行汇编；科技服务中心阳作林副主任为本书出版提出了宝贵意见；学校辅导员陈方青、陈鹏、刘红兰、程薇丹、徐颖等为本书调研提供了很多便利；重庆秀山县隘口镇太阳山村第一党支部书记罗箭飞（我校挂职干部）和工作队队员龙丛明、重庆巫溪县天元乡工作队队员戴义（我校选派干部）等为本书调研工作也提供了诸多便利，在此一并表示感谢。

本书的出版离不开重庆市永川区委宣传部重点调研课题以及永川科技局软科学课题资金的资助；此外，西南财经大学出版社编辑对本书进行了认真编辑、修订，并提出了宝贵意见，才使本书得以顺利与读者见面，在此，一并致以深深的谢意。

李勋华于茶山竹海

2021 年 7 月 7 日